学習指導要領 Q & A

特別支援教育

［知的障害教育］

明官　茂　監修

全国特別支援学校知的障害教育校長会　編著

東洋館出版社

まえがき

　全国特別支援学校知的障害教育校長会では，毎年，特別支援教育の動向を見据え，全国の学校で実践している先進的な事例をまとめ，広く普及するため出版活動を行っている。昨年度は，『知的障害特別支援学校における深い学びへのアプローチ―「主体的・対話的で深い学び」の視点からの授業実践―』を発刊し好評を得ている。今回は，新しい学習指導要領をより詳しく理解するために『学習指導要領 Q&A 特別支援教育 [知的障害教育]』の出版を計画した。

　いよいよ令和 2 年度から小学校・特別支援学校小学部で新たな学習指導要領による教育が始まる。各学校では資質・能力の育成を目指す「学びを人生や社会に生かそうとする学びに向かう力・人間性の涵養」「生きて働く知識・技能の習得」「未知の状況にも対応できる思考力・判断力・表現力等の育成」の三つの方向性を重点に置き，カリキュラム・マネジメントで進めながら，教育課程の編成や授業実践などを行うことになる。

　学習指導要領公示後，学習指導要領を読み込み，理解して具体的に教育課程の編成や授業実践の準備を行っていると思うが，十分に理解しきれない部分もあると考える。全国特別支援学校知的障害教育校長会では，学習指導要領に対して抱いた様々な疑問に対してピンポイントにヒットし，教育課程の編成や教育実践に即役立つ書物がほしいと考え，本書を出版することにした。

　具体的には，Q&A 方式にして，質問の項目に対して端的に答え，更に詳細に解説するという形とした。学習指導要領でポイントとなる項目を大きく八つに分け，全体で 104 の質問として整理し，教育課程の準備段階から教育実践まで，知りたいことなどをスピーディーに対応できる書籍にした。また，「用語集」を本書の最後に整理し，用語の具体的な解説も加え，学習指導要領が読み解きやすいようにした。

　本書は，明星大学教育学部教育学科常勤教授の明官茂先生に監修していただいた。また，今回「Q&A」の部分と「用語集」について，全国から多くの大学の先生方，教育委員会職員の方々，そして特別支援学校の校長をはじめ先生方に執筆していただいた。ご多忙の中，監修，執筆にご尽力いただき心から感謝申し上げたい。

　本書が，今後推進する学習指導要領を踏まえた学校教育の充実に役立つとともに，特別な支援を必要とする幼児児童生徒の自立と社会参加に向けた教育の発展に役立つことを期待したい。

令和 2 年 2 月

　　　　　　　　全国特別支援学校知的障害教育校長会会長　　村山　孝

目　　次

まえがき ……………………………………………………………………… 1

Ⅰ　今回の改訂の基本的な考え方

Q1　今回の改訂のポイントは何か？ ………………………………… 10

Q2　よりよい社会を創るという理念を学校と社会が共有するとは
　　どういうことか？ ……………………………………………… 11

Q3　幼小中高の教育課程の連続性とはどのようなことで，何を目指して
　　いるのか？ ……………………………………………………… 12

Q4　障害の重度・重複化，多様化への対応はどのように考えるべきか？ …… 13

Q5　卒業後の自立と社会参加を目指すためにどのような内容を充実させて
　　いるのか？ ……………………………………………………… 14

Ⅱ　教育内容等の主な改善事項

（1）　社会に開かれた教育課程

Q6　「社会に開かれた教育課程」とはどのようなもので，どうして必要か？ …… 16

Q7　「社会に開かれた教育課程」を編成していくための留意点は何か？
　　また，どんな組織づくりが必要か？ ………………………… 17

Q8　「社会に開かれた教育課程」を具現化していくためには，どんなことを大切に
　　すればよいのか？　また，学校以外の関与はどんなものか？ ……………… 18

Q9　「カリキュラム・マネジメント」と「社会に開かれた教育課程」との関係は
　　どのようなものか？ …………………………………………… 19

Q10　「教育活動が有機的に結びつく」とは具体的にどのようなことか？ ……… 20

（2）　カリキュラム・マネジメント

Q11　カリキュラム・マネジメントとは何か？　今どうして必要なのか？ ……… 21

Q12　特別支援教育でもカリキュラム・マネジメントに取り組む必要があるのか？ … 22

Q13　カリキュラム・マネジメントにおける，教育課程の評価について
　　 どう取り組めばよいか？ ……………………………………… 23

Q14　特別支援学校におけるカリキュラム・マネジメントについて，
　　 特に留意することは何か？ …………………………………… 24

Q15 カリキュラム・マネジメントは，これまで行ってきた教育課程の編成と
　　 どう違うのか？ ‥‥‥‥‥‥‥‥‥‥‥‥‥‥‥‥‥‥‥‥‥‥‥‥‥‥‥‥‥‥‥ 25

Q16 カリキュラム・マネジメントを行うための組織づくりはどうしたらよいか？‥‥‥ 26

Q17 学校評価をカリキュラム・マネジメントと関連付けながら行うとは
　　 どのようなことか？ ‥‥‥‥‥‥‥‥‥‥‥‥‥‥‥‥‥‥‥‥‥‥‥‥‥‥‥‥ 27

Q18 カリキュラム・マネジメントを活用し，教育内容を教科等横断的に
　　 組み立てるとは，どのように考えるべきか？ ‥‥‥‥‥‥‥‥‥‥‥‥‥‥‥‥ 28

（3）主体的・対話的で深い学び

Q19 主体的・対話的で深い学びの実現に向けた授業改善とはどうあるべきか？ ‥ 29

Q20 今までの授業でも，具体的な活動の中で，教師や友達との対話や，興味・関心
　　 を高める題材，内容を重視した授業を展開してきたが，
　　 何か変える必要があるのか？ ‥‥‥‥‥‥‥‥‥‥‥‥‥‥‥‥‥‥‥‥‥‥‥ 30

Q21 重度の障害により意思表出の難しい児童生徒の場合に，どのようにして
　　 「主体的・対話的で深い学び」を進めていけばよいか？‥‥‥‥‥‥‥‥‥‥‥ 31

Q22 知的障害が重い児童生徒に「主体的・対話的で深い学び」をする場合の
　　 配慮事項はどんなことか？ ‥‥‥‥‥‥‥‥‥‥‥‥‥‥‥‥‥‥‥‥‥‥‥‥ 32

Q23 「主体的・対話的で深い学び」の授業評価をどうしたらよいか？ ‥‥‥‥‥‥ 33

Q24 知的障害のある児童生徒にとって「深い学び」をどのように捉えたらよいか？‥ 34

Q25 これまでの「言語活動の充実」と「対話的な学び」はどう違うのか？ ‥‥‥ 35

（4）学習評価

Q26 知的障害教育における学習評価はどうあるべきか？ ‥‥‥‥‥‥‥‥‥‥‥ 36

Q27 知的障害教育における学習評価を進める際のポイントは何か？ ‥‥‥‥‥‥ 37

Q28 今回の改訂で，知的障害教育における学習評価の在り方はどのように
　　 変わっていくと考えられるか？ ‥‥‥‥‥‥‥‥‥‥‥‥‥‥‥‥‥‥‥‥‥‥ 38

Q29 知的障害教育の各教科の指導における学習評価で大切にすべきことは何か？‥ 39

Q30 知的障害教育の自立活動における学習評価で大切にすべきことは何か？ ‥ 40

Q31 知的障害教育の各教科等を合わせた指導における学習評価で
　　 大切にすべきことは何か？ ‥‥‥‥‥‥‥‥‥‥‥‥‥‥‥‥‥‥‥‥‥‥‥‥ 41

Q32 観点別学習評価と指導の目標の関係はどのようにあるべきか？ ‥‥‥‥‥‥ 42

Q33 学習指導と学習評価の一体化はどのようにあるべきか？ ‥‥‥‥‥‥‥‥‥ 43

Q34 育成すべき資質・能力の目標設定と学習評価との一体化はどのように
　　 あるべきか？ ‥‥‥‥‥‥‥‥‥‥‥‥‥‥‥‥‥‥‥‥‥‥‥‥‥‥‥‥‥‥ 44

Q35 「特別の教科 道徳」「総合的な学習（探究）の時間」「自立活動」の
　　　学習評価の在り方はどのようにあるべきか？ ………………………… 45

Q36 「各教科等を合わせた指導」の学習評価は，教科等との関係において
　　　どのようにあるべきか？ ………………………………………………… 46

(5) 資質・能力の考え方

Q37 育成を目指す「資質・能力」とはどのようなものか？ ………………… 47

Q38 「生きる力」と「資質・能力」は，どのような関係にあるのか？ ………… 48

Q39 小学校，中学校，高等学校と特別支援学校とでは「資質・能力」の
　　　考え方に違いはあるか？ ………………………………………………… 49

Q40 知的障害のある児童生徒にとっての「資質・能力」はどのように
　　　考えたらよいか？ ………………………………………………………… 50

Q41 育成を目指す「資質・能力」と，各教科で示されている目標・内容との
　　　関係は，どのようになっているか？ …………………………………… 51

Q42 教科等横断的な視点に立った資質・能力とは，どのようなものか？… 52

Q43 各教科等を合わせた指導における「資質・能力」は，どのように考えたら
　　　よいか？ …………………………………………………………………… 53

III　各教科等

(1) 各教科

Q44 各教科において，教科に係る見方・考え方をどのように捉えればよいか？
　　　小学校，中学校と違うのか？ …………………………………………… 56

Q45 各教科において，どのように目標・内容等が充実されたのか？ ……… 57

Q46 各教科の内容についての変更点の考え方はどうなっているのか？ ……… 58

Q47 知的障害教育の各教科は，各学部卒業までに当該学部に設定された段階を
　　　全て指導しなければいけないのか？ …………………………………… 59

Q48 旧学習指導要領で示されていた内容で削除されたものを今後指導する場合，
　　　段階や目標及び内容はどのように捉えればよいのか？ ……………… 60

Q49 特別支援学校（知的障害）においても小学校，中学校の教科の内容を
　　　学習することができるのか？ …………………………………………… 61

Q50 指導計画を作成する際に3観点をどのように生かせばよいのか？ ……… 62

Q51 「教科別の指導」で指導する場合の留意点は何か？ …………………… 63

Q52 外国語活動，外国語の内容を学習する場合，どのような配慮が考えられるか？… 64

(2) 自立活動

Q53 自立活動における今回の改訂の要点は何か？ ……………………… 65

Q54 各教科と自立活動の指導との関連はどのように考えたらよいか？ … 66

Q55 自立活動の指導計画を作成する手順はどうすればよいか？ ……… 67

Q56 全ての区分，項目を網羅して指導する必要があるのか？ ………… 68

Q57 自立活動の指導の時間はどのように設定するのか？ ……………… 69

Q58 自立活動のねらいや手立てを立案する場合の留意点は何か？ …… 70

Q59 各教科等を合わせた指導と自立活動の指導の関連はどのように考えたら
よいか？ ……………………………………………………………… 71

Q60 自立活動を個別の教育支援計画や個別の指導計画にどのように反映させて
いけばよいか？ …………………………………………………… 72

Q61 自立活動はどのように評価すればよいか？ ………………………… 73

Q62 自立活動に外部人材をどのように活用していくとよいか？ ……… 74

(3) 特別の教科　道徳

Q63 特別支援学校（知的障害）において，道徳の内容をどのように指導すれば
よいか？ …………………………………………………………… 75

Q64 道徳の年間指導計画の作成を，具体的にどのようにしていけばよいか？ … 76

Q65 「特別の教科　道徳」の評価はどのようにすればよいか？ …………… 77

Q66 「特別の教科　道徳」の時間を設定して指導を行う必要があるか？ ……… 78

Q67 「特別の教科　道徳」と自立活動の内容とが重複することが
考えられるが，違いは何か？ ……………………………………… 79

Q68 「特別の教科　道徳」と各教科や総合的な学習の時間などは，具体的に
どのように関連させればよいか？ ………………………………… 80

(4) 総合的な学習（探究）の時間

Q69 総合的な学習の時間において，今回の改訂の要点は何か？ …………… 81

Q70 特別支援学校（知的障害）における，総合的な学習（探究）の時間の
配慮点は何か？ …………………………………………………… 82

Q71 探究的な学習とは，どのようなものか？ …………………………… 83

Q72 小学部で総合的な学習の時間が設定されないのは，なぜか？ ………… 84

Q73 交流及び共同学習を，総合的な学習（探究）の時間でも実施すること
となるのか？ ……………………………………………………… 85

5

(5) 特別活動

Q74　特別支援学校（知的障害）において，特別活動の配慮事項で追加された
　　　ことはあるか？ ………………………………………………………………… 86

Q75　児童会活動，生徒会活動をどのように展開すればよいか？ ……………… 87

Q76　特別活動の「指導の重点」には，どのようなものがあるか？ …………… 88

Q77　特別活動を通して，どのような資質・能力を高めていけばよいのか？ …… 89

Q78　特別活動がキャリア教育の要となるのはなぜか？ ……………………… 90

Ⅳ　各教科等を合わせた指導

Q79　生活単元学習と遊びの指導はどのように区別するとよいのか？
　　　また，関連するとよい点はあるか？ ……………………………………… 92

Q80　教科別の指導と各教科等を合わせた指導の関連で，効果的な指導の
　　　形態をどのように選択すればよいか？ …………………………………… 93

Q81　新学習指導要領による改善点を，各教科等を合わせた指導に
　　　どのように盛り込めばよいか？ …………………………………………… 94

Q82　作業学習や日常生活の指導等を進める上でのポイントはあるか？ ………… 95

Q83　遊びの指導の成果が各教科別の指導につながる点にはどのような
　　　ことがあるか？ ……………………………………………………………… 96

Q84　生活単元学習における目標意識や課題意識を育てる活動の具体例と
　　　配慮事項は何か？ …………………………………………………………… 97

Ⅴ　個別の教育支援計画・個別の指導計画

Q85　個別の教育支援計画・個別の指導計画は関係機関等との連携に
　　　どのように活用するのか？ ………………………………………………… 100

Q86　個別の教育支援計画を作成する際のポイントは何か？ ………………… 101

Q87　個別の指導計画を作成する際のポイントは何か？ ……………………… 102

Q88　個別の教育支援計画や個別の指導計画を取り扱う上での配慮事項は何か？ … 103

Q89　合理的配慮に関する留意点は計画の中にどのように
　　　明記すればよいか？ ………………………………………………………… 104

Ⅵ　交流及び共同学習

Q90　今回の改訂では，交流及び共同学習についてどのように示されたか？ …… 106

Q91 交流及び共同学習を行う上でのポイントは何か？ ………………… 107

Q92 交流及び共同学習にはどのような形態があるか？ ……………… 108

Q93 学校間交流と副籍，支援籍との違いは何か？ ……………… 109

Q94 交流及び共同学習以外に，インクルーシブ教育をどのように進めて
いけばよいか？………………………………………………… 110

VII 特別支援学級の教育課程

Q95 特別支援学級では，なぜ特別の教育課程を編成できるのか？ ………… 112

Q96 特別支援学級に関するカリキュラム・マネジメントをどのように
考えたらよいか？……………………………………………… 113

Q97 各教科等を合わせた指導を行う場合，教育課程にどのように
位置付けるのか？……………………………………………… 114

Q98 知的障害特別支援学級では自立活動をどのように指導すればよいか？ …… 115

Q99 交流及び共同学習をどのように考え，実施すればよいか？ ……………… 116

VIII 通級による指導の教育課程

Q100 通級による指導で教育課程の編成は必要か？ ……………… 118

Q101 教育課程の編成に当たって，児童生徒の在籍校とどのように
連携したらよいか？ ……………………………………… 119

Q102 通級による指導を行い，特別の教育課程を編成する場合には，
特別支援学校の自立活動の内容を参考するとなっているが，具体的には
どういうことか？ ……………………………………… 120

Q103 通級指導教室で行う自立活動と各教科の内容の補充指導をどう
考えればよいか？……………………………………… 121

Q104 高等学校の生徒を通級で指導する場合は，単位認定をどうすればよいか？ … 122

用語集 …………………………………………………… 123

■略称

　本書では，法令や学習指導要領等について以下のような略称を用いる。

・障害を理由とする差別の解消の推進に関する法律→**障害者差別解消法**
・中央教育審議会「幼稚園，小学校，中学校，高等学校及び特別支援学校の学習指導要領等の改善及び必要な方策等について（答申）」（平成 28 年 12 月）→**中教審答申**
・特別支援学校幼稚部教育要領（平成 29 年 4 月）→**教育要領**
・特別支援学校小学部学習指導要領（平成 29 年 4 月）→**学習指導要領（小学部）**
・特別支援学校中学部学習指導要領（平成 29 年 4 月）→**学習指導要領（中学部）**
・特別支援学校高等部学習指導要領（平成 31 年 2 月）→**学習指導要領（高等部）**
・特別支援学校教育要領・学習指導要領解説　総則編（幼稚部・小学部・中学部）（平成 30 年 3 月）→**解説総則編**
・特別支援学校学習指導要領解説　各教科等編（小学部・中学部）（平成 30 年 3 月）→**解説各教科等編**
・特別支援学校幼稚部教育要領・学習指導要領解説　自立活動編（幼稚部・小学部・中学部）（平成 30 年 3 月）→**解説自立活動編**

I

今回の改訂の
基本的な考え方

Q1

今回の改訂のポイントは何か？

A 「社会に開かれた教育課程」「育成を目指す資質・能力の三つの柱」「カリキュラム・マネジメント」「主体的・対話的で深い学び」をキーワードとして内容が示されている。

　今回の改訂のポイントは，「改訂の基本的な考え方」として，社会に開かれた教育課程の実現，育成を目指す資質・能力，主体的・対話的で深い学びの視点を踏まえた授業改善，各学校におけるカリキュラム・マネジメントの確立など，初等中等教育全体の改善・充実の方向性を重視することなどを示している。更に，インクルーシブ教育システムの推進により，障害のある子供たちの学びの柔軟な選択を踏まえ，幼稚園，小・中・高等学校との教育課程の連続性を重視すること，加えて障害の重度・重複化，多様化への対応及び卒業後の自立と社会参加に向けた充実を図ることが示されている。

　それらを踏まえて，更に「教育内容等の主な改善事項」として「学びの連続性を重視した対応」「一人一人の障害の状態等に応じた指導の充実」「自立と社会参加に向けた教育の充実」についてその内容を示している。

　「学びの連続性を重視した対応」では，子供たちの学びの連続性を確保する視点から，「重複障害者等に関する教育課程の取扱い」について，適用する場合の基本的な考え方や留意点が具体的に示された。知的障害教育の各教科について，育成を目指す資質・能力の三つの柱に整理され，各部の各段階に内容が設定されたり，中学部に二つの段階が設定されたりするなどの改訂が行われた。

　「一人一人の障害の状態等に応じた指導の充実」では視覚障害者，聴覚障害者，肢体不自由者及び病弱者である児童生徒を教育する特別支援学校の各教科における，指導計画の作成や各学年にわたる内容の取扱いなどのそれぞれの学校ごとに必要とされる配慮事項について，障害の特性等に応じた指導の配慮の充実という視点で改善が図られた。また自立活動の「健康の保持」の区分に「障害の特性の理解と生活環境の調整に関すること」が加わり，6区分27項目となった。

　「自立と社会参加に向けた教育の充実」では，卒業後の視点を大切にしたカリキュラム・マネジメントを計画的・組織的に行うことや，幼稚部，小学部，中学部段階からのキャリア教育の充実を図ることなどが規定された。

Q2

よりよい社会を創るという理念を学校と社会が共有するとはどういうことか？

A 学校と社会が連携・協働しながら，新しい時代に求められる資質・能力を子供たちに育む「社会に開かれた教育課程」の実現を目指していくことである。

　今回の改訂では前文が総則の前に新規に示された。そこでは学習指導要領の理念や教育課程の意義が明確に示されている。その中で，一人一人の児童生徒には，「多様な人々と協働しながら様々な社会的変化を乗り越え，豊かな人生を切り拓き，持続可能な社会の創り手」となることが求められている。そのために必要な教育の在り方を具体化し，各学校において，組織的・計画的に組み立てられたのが教育課程である。

　更に前文には，「教育課程を通して，これからの時代に求められる教育を実現していくためには，よりよい学校教育を通してよりよい社会を創るという理念を学校と社会とが共有し，それぞれの学校において，必要な学習内容をどのように学び，どのような資質・能力を身に付けられるようにするのかを教育課程において明確にしながら，社会との連携及び協働によりその実現を図っていくという，社会に開かれた教育課程の実現が重要となる」とある。すなわち，学校を変化する社会の中に位置付け，「よりよい学校教育を通してよりよい社会を創る」という理念を学校と社会が共有し，連携・協働しながら，新しい時代に求められる資質・能力を子供たちに育む「社会に開かれた教育課程」の実現を目指していくことである。今回の改訂では，学習指導要領が学校，家庭，地域の関係者が幅広く共有し活用できる「学びの地図」としての役割を果たせるよう，その枠組みについて以下の6点にわたって改善され，それを踏まえて総則の抜本的な改善・充実が行われている。

　①「何ができるようになるか」（育成を目指す資質・能力），②「何を学ぶか」（教科等を学ぶ意義と，教科等間・学校段階間のつながりを踏まえた教育課程の編成），③「どのように学ぶか」（各教科等の指導計画の作成と実施，学習・指導の改善・充実），④「子供一人一人の発達をどのように支援するか」（子供の発達を踏まえた指導），⑤「何が身に付いたか」（学習評価の充実），⑥「実施するために何が必要か」（学習指導要領等の理念を実現するために必要な方策）。

11

Q3

幼小中高の教育課程の連続性とはどのようなことで，何を目指しているのか？

A インクルーシブ教育システムの推進により，学びの連続性を確保することで，障害の状態等に応じたきめ細かな指導及び評価をより一層充実することを目指している。

　平成 24 年 7 月の「共生社会の形成に向けたインクルーシブ教育システム構築のための特別支援教育の推進（報告）」では，「インクルーシブ教育システムにおいては，同じ場で共に学ぶことを追求するとともに，個別の教育的ニーズのある幼児児童生徒に対して，自立と社会参加を見据えて，その時点で教育的ニーズに最も的確に応える指導を提供できる，多様で柔軟な仕組みを整備することが重要である。小・中学校における通常の学級，通級による指導，特別支援学級，特別支援学校といった，連続性のある『多様な学びの場』を用意しておくことが必要である」と示された。同年の「通常の学級に在籍する発達障害の可能性のある特別な教育的支援を必要とする児童生徒に関する調査」の結果では，約 6.5 ％程度の割合で通常の学級に在籍している可能性が示され，幼稚園，小・中・高等学校に発達障害を含めた障害のある子供たちが多く学んでいる現状が明らかになった。平成 25 年 9 月の「学校教育法施行令の一部を改正する政令」では，就学先を決定する仕組みの改正や障害の状態等の変化を踏まえた転学などの規定が整備された。

　このような背景を踏まえて，今回の改訂では，子供たちの学びの連続性を確保する観点から，重複障害者等に関する教育課程の取扱いを適用する際の基本的な考え方が明確に規定された。また知的障害教育の各教科の目標や内容の考え方等について，小・中学校等の各教科の目標・内容との連続性に留意して整理された。具体的には，目標や内容が育成を目指す資質・能力の三つの柱に基づき整理され，各学部や各段階，幼稚園，小・中・高等学校の各教科等のつながりに留意し，各学部の各段階に目標が設定されたり，特に必要がある場合には，小学校等の学習指導要領の各教科等の目標や内容の一部を取り入れることができることなどが規定されたりした。各学校においては，障害のある子供たちがもつ能力や可能性を最大限に伸ばし，自立し社会参加するために必要な力を培ったり，障害の状態等や学習の履歴等を踏まえた，継続的な支援を行ったりして，一人一人の障害の状態等に応じたきめ細かな指導及び評価を一層充実させることが求められている。

Q4

障害の重度・重複化，多様化への対応はどのように考えるべきか？

A 各障害についての専門的な知識や技能を有する教師間の協力の下に，一人一人の児童生徒の個別の指導計画を作成し，指導方法を創意工夫して進める必要がある。

　平成29年度特別支援教育資料では，特別支援学校（学校設置基準）障害種別重複障害学級児童生徒数は38,017人と報告され，平成28年12月の中教審答申では，「重複障害者の割合も増加傾向にあり，例えば，他の障害に自閉症を併せ有する者や視覚と聴覚の障害を併せ有する者など，多様な障害の種類や状態等に応じた指導や支援がより強く求められるようになっている」として指摘されている。特別支援学校に在籍する児童生徒の障害の重度・重複化，多様化が進み，より一層の一人一人の教育的ニーズに応じた指導や支援が求められている。

　重複障害者の指導については，今回の改訂においても，従前と同様に以下の内容が基本的な対応として示されている。

・校内において，それぞれの障害についての専門的な知識や技能を有する教師間の協力の下に，一人一人の児童生徒について個別の指導計画を作成するとともに指導方法を創意工夫して進めること

・学校医等を含めた関係する教職員によって検討する機会を設けるなどして，適切な指導内容・方法を追究すること

・実態把握や指導計画の作成，評価において，必要に応じて専門の医師，看護師，理学療法士，作業療法士，言語聴覚士，心理学や教育学の専門家等に指導・助言を求めたり，連絡を取り合ったりより専門的な知識や技能を有する者との協力や連携を図ること

　加えて，「重複障害者等に関する教育課程の取扱い」において，障害の状態として特に必要がある場合についての教育課程の取扱いについて明確に規定されている。自立活動を主として指導を行う場合には，障害が重複している，その障害が重度という理由だけで，各教科等の目標や内容の検討を十分に行うことなくこの規定を適用することのないようにと示されていることにも留意が必要である。

Q5

卒業後の自立と社会参加を目指すためにどのような内容を
充実させているのか？

A 卒業後の視点を大切にしたカリキュラム・マネジメントの計画的・組織
的な取組及び幼稚部，小学部，中学部段階からのキャリア教育の充実な
どが規定された。

　子供たちの卒業後の自立と社会参加を目指していくためには，一人一人の子供た
ちがそれぞれの障害の状態や発達の段階に応じ，自立や社会参加に向けて必要な資
質・能力を身に付けていくことができるよう，各発達の段階を通じて子供たちにと
って最適な学びの機会を確保していく観点から，幼稚園，小・中・高等学校，特別
支援学校の間で，教育課程の円滑な接続が確保されるようにすることが必要である。
そのための方策の一つとして，Q3で述べたように知的障害教育の各教科の目標や
内容が，育成を目指す資質・能力の三つの柱に基づき整理されたり，各学部の各段
階に目標が設定されたりした。教育課程の円滑な接続が確保されることにより，子
供の障害の状態や発達の段階に応じた組織的，継続的な支援が可能になり，一人一
人の子供たちに応じた指導の一層の充実が促されていくとともに，障害者の権利に
関する条約に掲げられたインクルーシブ教育システムの構築を目指し，子供たちの
自立と社会参加を一層推進していくと考えられる。
　このような考え方を踏まえて，今回の改訂では「自立と社会参加に向けた教育の
充実」として以下の内容が示されている（ここでは教育要領，小学部・中学部学習
指導要領の記載）。
（1）卒業までに育成を目指す資質・能力を育む観点からカリキュラム・マネジメ
　　 ントを計画的・組織的に行うことを規定
（2）幼稚部，小学部，中学部段階からのキャリア教育の充実を図ることを規定
（3）生涯を通して主体的に学んだり，スポーツや文化に親しんだりして，自らの
　　 人生をよりよくしていく態度を育成することを規定
（4）日常生活に必要な国語の特徴や使い方〔国語〕，数学の生活や学習への活用
　　 〔算数，数学〕，社会参加ときまり，公共施設と制度〔社会〕，働くことの意義，
　　 家庭生活における消費と環境〔職業・家庭〕など，知的障害者である子供のため
　　 の各教科の目標及び内容について，育成を目指す資質・能力の視点からの充実

II

教育内容等の主な改善事項

Q6

「社会に開かれた教育課程」とはどのようなもので，どうして必要か？

A 「社会に開かれた教育課程」とは，新学習指導要領のキーワード「資質・能力」「カリキュラム・マネジメント」等に通底する基本的な理念である。

　中教審答申は，学校教育の課題を「子供たちが変化の激しい社会を生きるために（略）社会とのつながりを重視しながら学校の特色づくりを図っていく」こと，「現実の社会との関わりの中で子供たち一人一人の豊かな学びを実現していく」ことであるとした。その解決の方向性として「これからの時代を生きていくために必要な力とは何かを学校と社会とが共有」し，「共に育んでいく」こととし，今はまさにこれができる「好機にある」と捉えている。更に，「これからの教育課程には，社会の変化に目を向け，教育が普遍的に目指す根幹を堅持しつつ，社会の変化を柔軟に受け止めていく『社会に開かれた教育課程』としての役割が期待されている」と結んだ。また，学習指導要領の役割を，学校で教える内容とその体系を示すだけでなく，子供が社会に出たときに必要となる力を学校が育むに当たって，その「手がかりを示すことでもある」と捉え直した。

　同答申を踏まえ，新学習指導要領（前文）は，「社会に開かれた教育課程」の意義を以下のように示している。「これからの時代に求められる教育を実現していくためには，よりよい学校教育を通してよりよい社会を創るという理念を学校と社会とが共有し，それぞれの学校において，必要な学習内容をどのように学び，どのような資質・能力を身に付けられるようにするのかを教育課程において明確にしながら，社会との連携及び協働によりその実現を図っていくという，社会に開かれた教育課程の実現が重要となる」。

　更に，「各学校がその特色を生かして創意工夫を重ね，長年にわたり積み重ねられてきた教育実践や学術研究の蓄積を生かしながら，児童又は生徒や地域の現状や課題を捉え，家庭や地域社会と協力して，学習指導要領を踏まえた教育活動の更なる充実」を図っていくことの重要性と方向性が強調されている。

Q7

「社会に開かれた教育課程」を編成していくための留意点は
何か？　また，どんな組織づくりが必要か？

A 校長のリーダーシップの下，社会との関わりの中で子供たち一人一人の
豊かな学びを実現する教育課程を編成することが重要である。

　これからの教育課程について，社会の変化に柔軟に向き合う三つの要件を備えた
「社会に開かれた教育課程」であることが求められる。
① 　社会や世界の状況を幅広く視野に入れ，よりよい学校教育を通じてよりよい社
　会を創るという目標を持ち，教育課程を介してその目標を社会と共有していくこ
　と。
② 　これからの社会を創り出していく子供たちが，社会や世界に向き合い関わり合
　い，自らの人生を切り拓いていくために求められる資質・能力とは何かを，教育
　課程において明確化し育んでいくこと。
③ 　教育課程の実施に当たって，地域の人的・物的資源を活用したり，社会教育と
　の連携を図ったりし，学校教育を学校内に閉じずに，その目指すところを社会と
　共有・連携しながら実現させること。
　特別支援学校においても，学校が地域社会の状況に関心を払い，様々な人々とつ
ながりを保ちながら学ぶことができる開かれた環境であることが大切である。地域
社会の様々な支援を受けながら子供たちが自立的に生活していく資質・能力の育成
が重要なテーマとなる。
　また，特別支援学校は，地域社会や保護者と在籍する子供たちにどのような資
質・能力を育むかという目標を共有し，学校内外の多様な教育活動がその目標の実
現の観点からどのような役割を果たせるのかという視点をもつことも重要になる。
そのため，校長がリーダーシップを発揮し，地域と対話し，地域の特別支援教育を
担い，支える学校として何を大事にしていくべきかという学校経営の柱を明確にし
ながら，学校教育目標や育成を目指す資質・能力を踏まえた学校のグランドデザイ
ンを学校の特色として示し，教職員や家庭・地域の意識や取組の方向性を共有して
いくことが重要である。

Q8

「社会に開かれた教育課程」を具現化していくためには，
どんなことを大切にすればよいのか？　また，学校以外の
関与はどんなものか？

A 教育課程を社会に開き，子供たちをはじめ，家庭や地域，社会の関係者
などと共有し，多様で質の高い学びを引き出すことが重要である。

　学校が地域や社会の学校であるためには，教育課程そのものが地域や社会とつな
がり，社会や世界と接点をもつ必要がある。社会とのつながりをもつ学校は，社会
や世界の状況を幅広く視野に入れ，よりよい学校教育を通じてよりよい社会を創る
という目標をもつことが求められる。

　新学習指導要領のテーマである「社会に開かれた教育課程」という考え方は，特
別支援教育においても大変重要な視点である。教育の目的は障害の有無にかかわら
ず全ての子供に共通するものである。小・中・高等学校と同様に，よりよい学校教
育を通じてよりよい社会を創るという目標を共有し，社会と連携・協働しながら，
社会において自立的に生きるために必要な知識や力を育むという「社会に開かれた
教育課程」の理念は，特別支援教育においても同様である。目標とされる自立と社
会参加は特別支援教育の理念そのものである。

　特別支援学校では，保護者等との連携は不可欠であり，これまでも保護者のみな
らず，地域との連携や外部人材の活用，企業等における自立と社会参加に向けた産
業現場における実習など，社会と密接に関わる活動や外部専門家等の力を取り入れ
た教育を展開してきた。特に，個別の教育支援計画や個別の指導計画の作成活用に
より，教育的ニーズや指導目標・内容，方法等の共有化を行ってきた。

　更に，多くの保護者は，卒業後の我が子の生活を展望し，学校も同様に，卒業後
の子供たちの自立と社会参加が重要な目標として学校教育を捉えている。障害のあ
る子供たちが，特別支援学校でどのような力を身に付け，どのような支援があれば
もてる力を発揮できるのかを，「社会に開かれた教育課程」として発信し，社会の
人々に広く理解してもらうことで，進路先や地域社会においての理解が深まり，特
別支援学校の卒業生も積極的に社会に関わっていくことが可能となる。

Q9

「カリキュラム・マネジメント」と「社会に開かれた教育課程」との関係はどのようなものか？

A 「社会に開かれた教育課程」の実現を通して必要な資質・能力の育成を図る方策としてカリキュラム・マネジメントが示された。

　教育課程とは，学校教育目標を達成するために，教育の内容を子供の障害の程度や心身の発達に応じ，授業時数との関連において総合的に組織した学校の教育計画であり，その編成主体は各学校である。「カリキュラム・マネジメント」とは，各学校において，総合的な教育計画である教育課程を核にして，各教科等の教育内容の組織化などを図り，経営資源の投入や協働を促すなど諸条件の効果的な活用を通して，学校教育目標の実現を目指す営みである。

　中教審答申は，学校の全体的な在り方の改善の重要性について，「各学校が編成する教育課程を軸に，教育活動や学校経営などの学校の全体的な在り方をどのように改善していくのかが重要になる」と述べている。更に，「社会に開かれた教育課程」の理念の下，子供たちが未来の創り手となるために求められる資質・能力を育んでいくためには，子供たちが「何ができるようになるか」「何を学ぶか」「どのように学ぶか」など，以下の①～⑥に関わる事項を各学校が組み立て，家庭・地域と連携・協働しながら実施し，目の前の子供たちの姿を踏まえながら「不断の見直しを図ることが求められる」としている。

① 「何ができるようになるか」（育成を目指す資質・能力）
② 「何を学ぶか」（教科等を学ぶ意義と，教科等間・学校段階間のつながりを踏まえた教育課程の編成）
③ 「どのように学ぶか」（各教科等の指導計画の作成と実施，学習・指導の改善・充実）
④ 「子供一人一人の発達をどのように支援するか」（子供の発達を踏まえた指導）
⑤ 「何が身に付いたか」（学習評価の充実）
⑥ 「実施するために何が必要か」（学習指導要領等の理念を実現するために必要な方策）

Q10

「教育活動が有機的に結びつく」とは
具体的にどのようなことか？

A 地域の人的・物的資源の活用や，学校と地域の連携など，個々の教育活動が「有機的に結びつく」よう，教育課程を編成することが重要である。

　これまで地域や企業と連携した活動は，既に多くの学校で実践されている。また，学校と地域が連携しながら教育活動をつくり上げる仕組みも整いつつある。既に実施されている個々の教育活動が，子供たちの学びと「有機的に結びつく」よう，教育課程を編成していくことが求められている。単に学校外の体験や外部講師を増やせばよいわけではない。教育課程の編成主体は学校であり，社会のニーズありきで学校が受け身になるのではなく，子供が学校を卒業した後，どのような社会になっているのか，子供たちの自立と社会参加を推進するためにはどのような力を育むべきなのか等を考え，社会と自校との関わりや，教育課程の役割を明確化することがますます重要になっている。

　「教育活動が有機的に結びつく」ことを実現することで，子供たちの資質・能力をどのように育んでいけばよいのかが，より明確となる。「資質・能力」の三つの柱は，各教科等だけでなく，教科等横断的な力（言語能力や情報活用力などの学習の基盤となる力や現代的な諸課題に対応する力）に共通する要素である。これらの力は，各教科，道徳科，総合的な学習の時間，特別活動及び自立活動などを含む教育課程全体で計画的・体系的に育んでいく必要がある。その具体化に向けては，学校全体で育てたい資質・能力を学校教育目標として可視化し，各教科等のどの場面でどのような資質・能力を育むのかを体系的に整理することが，極めて重要である。

　地域の人的・物的資源の活用や学校と地域が連携した教育活動等の取組や授業においても，「子供が知識を活用して思考する場面」「子供が自らの学びを自覚し，振り返る場面」など，子供の学びの流れの中でどう生かすか，育成したい資質・能力を明確にし，教育活動が「有機的に結びつく」よう単元や題材のまとまりの中で組み立てていくことが求められる。

Q11

カリキュラム・マネジメントとは何か？
今どうして必要なのか？

A　各学校が設定する学校教育目標を実現するため，学習指導要領等に基づいて教育課程を軸とした学校教育の改善・充実を図ることが必要とされる。

　今回の学習指導要領の改訂では，これから先の変化の激しい社会を生きるために，子供たちにとって必要な資質・能力は何であるのかが，各教科等において明らかにされた。また，それらの資質・能力を育成するためには，子供たち自身が，学んでいることと現実の社会との関わりやこれから先の人生を意識する中で，多様な環境や人々等とのつながりをもちながら学びを深めていくことの重要性が指摘された。そのためには，学校そのものが社会に開かれた環境となり，教育課程そのものも「社会とのつながり」という視点をもつことの重要性が指摘されたところである。

　カリキュラム・マネジメントとは，この「社会に開かれた教育課程」を実現し，子供たちに資質・能力を育成するための方法論であり視点とも捉えられる。なお，中教審答申では，①「学校教育目標を踏まえた教科等横断的な視点で，その目標の達成に必要な教育の内容を組織的に配列していくこと」，②「各種データ等に基づき，教育課程を編成し，実施し，評価して改善を図る一連の PDCA サイクルを確立すること」，③「教育活動に必要な人的・物的資源等を，地域等の外部の資源も含めて活用しながら効果的に組み合わせること」の三つの側面で整理された。また，これらの審議を踏まえて，学習指導要領の総則には「児童又は生徒や学校，地域の実態を適切に把握し，教育の目的や目標の実現に必要な教育の内容等を教科等横断的な視点で組み立てていくこと，（略）教育課程の実施に必要な人的又は物的な体制を確保するとともにその改善を図っていくことなどを通して，教育課程に基づき組織的かつ計画的に学校の教育活動の質の向上を図っていくこと」と示されている。なお，特別支援学校の学習指導要領には，「個別の指導計画の実施状況の評価と改善を，教育課程の評価と改善につなげていくよう工夫すること」についても規定されており，小学校・中学校・高等学校には見られない独自の規定となっている。

　特別支援学校においては，これらの四つの側面から学校の教育活動の質の改善を図り，子供たち一人一人の自立と社会参加を実現させることや，「社会に開かれた教育課程」の具現化を通して「共生社会の形成」に寄与することが求められている。

Q12

特別支援教育でもカリキュラム・マネジメントに
取り組む必要があるのか？

A 学習上・生活上の困難を有する子供たちの教育的ニーズを捉え，PDCA
サイクルに基づいた教育活動を展開し，自立と社会参加を目指すことが
重要である。

　特別支援教育とは，端的には，障害のある子供たちの自立や社会参加に向けた主
体的な取組を支援する教育である。また，その際，子供たち一人一人の教育的ニー
ズを的確に把握し，そのもてる力を高め，学習上・生活上の困難を改善又は克服す
るために適切な指導や必要な支援を行うものである。特別支援教育の対象は，障害
があるとは明確に言い切れないまでも，学習上・生活上の様々な困難を有し，教育
上特別の支援を要する子供たちにも及んでおり，今回の学習指導要領の改訂では，
特に小・中・高等学校等の学習指導要領等の中でも，規定の充実が図られた。例を
挙げると総則では，特別支援学級や通級による指導において特別の教育課程を編成
する際の基本的な考え方や教育課程実施上の留意事項が示されている。また，通常
の学級に在籍する学習上・生活上の困難を有する子供たちも視野に入れ，「障害の
種類や程度を的確に把握した上で，『困難さ』に対する『指導上の工夫の意図』を
理解し，個に応じた様々な『手立て』を検討し，指導に当たっていく必要がある」
点について，同解説上にも示されており，このことはカリキュラム・マネジメント
の重要性を示唆するものである。つまり，カリキュラム・マネジメントの側面とし
て示されている個別の教育支援計画や個別の指導計画といった各種データ等の活用
をベースにしながら，教育課程の編成・実施・評価・改善を図るとともに，教育活
動に必要な人的・物的資源等の一部である特別支援教育コーディネーターや校内委
員会，特別支援学校のセンター的機能等の外部資源を活用しながら効果的に組み合
わせて自立と社会参加に向けた取組を一層充実させることを重視するものである。
　現在，我が国では 2030 年以降の社会の状況も見据え，教育振興に関する施策の
総合的・計画的な推進を図るために「第3期教育振興基本計画」を策定しているが，
この中にも「特別支援教育の推進」が施策として位置付けられている。また，これ
らを踏まえ，各自治体でも同様の計画が立案され，特別支援教育の推進を位置付け
る自治体が多く存在する。この具現化を図る手段は，まさに各学校におけるカリキ
ュラム・マネジメントに他ならず，関係者の理解と参画が求められる。

Q13

カリキュラム・マネジメントにおける，
教育課程の評価についてどう取り組めばよいか？

A 教育目標の達成状況について，学校評価を踏まえることや個別の指導計
画上の目標達成状況を教育課程の評価と改善につなげることが重要であ
る。

　教育課程とは，解説総則編にも示されているとおり，「学校教育の目的や目標を
達成するために，教育の内容を子供の心身の発達に応じ，授業時数との関連におい
て総合的に組織した学校の教育計画」である。また，「学校の教育目標の設定，指
導内容の組織及び授業時数の配当が教育課程の編成の基本的な要素」となっている。
カリキュラム・マネジメントの中心は，この教育課程を軸にした PDCA サイクル
の展開であるので，これらの基本的な要素を含めて評価を行っていく必要がある。
実際の評価に際しては，学校教育目標に掲げられた児童生徒の望ましい姿等が実現
されているのか，多面的な観察・調査等を実施し，データの収集を行うことが必要
となる。この際，特に学校教育法等に定めのある学校評価を有効に活用しながら，
自己評価と学校関係者評価を十分に生かすとともに，子供たち一人一人に作成して
いる個別の指導計画の実施状況を評価したデータを活用するなど，「個」の視点か
らの評価と学部・学年等の「単位組織」レベルでの評価，「学校組織全体」レベル
での評価を行うなど，より多面的・重層的・分析的に評価活動を行う必要がある。
　また，評価の対象は学校教育目標そのものや，指導内容の組織化・体系化の在り
方，授業時間数の配当の適切さなどを含め，今回の学習指導要領改訂の枠組みを着
眼点として，①何ができるようになることを目指したか，②何を学んだか，③どの
ように学んだか，④子供たち一人一人をどのように支援したか，⑤何が身に付いた
か，⑥実施するために何が必要だったか，を踏まえた評価を進め，学校教育の在り
方についても，目標に準拠した評価を中心に行うことが重要である。特に，実施す
るために何が必要だったかについては，カリキュラム・マネジメントの側面を踏ま
えると，体制面や財政面，地域資源等の側面からの評価を含む場合もある。これら
の側面からの評価において，課題となる点・改善を要する点があった際には，原因
や背景を分析するとともに，改善計画の立案・実施へと結び付けることが必要とな
る。その際，学校運営協議会等での意見や教育委員会からの指導助言の活用を含め，
特色のある教育活動の展開を目指した取組の改善・工夫を行うことが望まれる。

Q14

特別支援学校におけるカリキュラム・マネジメントについて，特に留意することは何か？

A 学年段階はもとより，学部段階間及び学校段階等間の円滑な接続，高等部卒業以降の進路先等を含め，家庭・地域社会との連携や協働が重要である。

　特別支援学校においては，教育課程の取扱いについて子供たちの障害の状態や特性及び心身の発達の段階等に応じて，弾力的な運用ができるよう各種の規定が設けられている。今回の学習指導要領の改訂では，諮問理由にも触れられたとおり，インクルーシブ教育システムの推進を視野に入れた検討が行われ，障害のある子供たちの学びの場の柔軟な選択を踏まえて，小・中・高等学校等との教育課程の連続性を重視した改訂が図られた。特に学習指導要領第1章総則に規定された「重複障害者等に関する教育課程の取扱い」では，学びの連続性を確保する視点から知的障害者である場合の対応や知的障害を併せ有する者の場合の対応，重複障害者のうち障害の状態により特に必要がある場合の対応等，より柔軟に対応できる規定が充実されており，これらの点を踏まえつつ各学校や地域の実情等に応じた教育課程の編成を行う必要がある。また，カリキュラム・マネジメントの視点からは，「個別の指導計画の実施状況の評価と改善を，教育課程の評価と改善につなげていくよう工夫すること」について総則の中で規定されているが，この点と関わって自立活動に関する規定の中で，「個別の指導計画の作成と内容の取扱い」が充実されていることも押さえた上で教育課程の編成・実施・評価・改善に当たる必要がある。

　更に特別支援学校は，複数の学部を設置していたり，複数の学科やコース等を設定していたりする場合もあることから，学校教育目標の実現や子供たちの進路を見据えて，学年段階はもとより学部段階間及び学校段階等間の接続が図られるよう工夫すること，とりわけ高等部卒業以降の進路先との円滑な接続を視野に入れたカリキュラム・マネジメントを図ることが重要である。また，社会に開かれた教育課程や共生社会の形成という理念の具現化を図るため，家庭はもとより地域社会との連携及び協働と世代を超えた交流の機会の設定，他の特別支援学校や小・中・高等学校等との間の交流及び共同学習の推進，地域の小・中・高等学校等に対するセンター的機能の発揮，障害のある子供たちの生涯にわたるスポーツ・文化・芸術活動の推進等，生涯学習の基盤づくりに向けた取組の充実を図ることも必要である。

Q15

カリキュラム・マネジメントは，これまで行ってきた教育課程の編成とどう違うのか？

A 各教科等の目標や内容が資質・能力の三つの柱で再整理されるとともに，各教科等の枠を超え，相互の関係で教育課程を編成する視点が重視された。

　学習指導要領改訂に係る審議の前段階として平成24年12月に設置された「育成すべき資質・能力を踏まえた教育目標・内容と評価の在り方に関する検討会」の論点整理では，学習指導要領上の課題が「全体として各教科等においてそれぞれ教えるべき内容に関する記述を中心としたものとなっている」ことを背景に「各教科等で縦割りになりがちな状況」であること，「学力についての認識が『何かを知っていること』にとどまりがちであり，知っていることを活用して『何かをできるようになること』にまで発展していない」ことについて指摘された。これらの意見を踏まえ，各教科等の目標や内容が「知識及び技能」「思考力，判断力，表現力等」「学びに向かう力，人間性等」の三つの資質・能力の観点から再整理された。

　つまり資質・能力がより一層重視され，コンテンツ・ベースの考え方からコンピテンシー・ベースの考え方で学習指導要領が改訂されるとともに，現代的な諸課題への対応能力等を含めたより幅広い資質・能力の育成のために，教科等横断的な視点での教育課程の編成等，各教科等間の相互の関係の捉え直しの視点も重視された。

　教育課程のPDCAサイクルの確立については，前回の中教審答申（平成20年1月）でも「教育課程や指導方法等を不断に見直すことにより効果的な教育活動を充実させるといったカリキュラム・マネジメントを確立することが求められる」との提言がなされていた。しかし，今回の中央教育審議会における審議では，カリキュラム・マネジメントそのものについての議論も深められ，①教科等横断的な視点による教育内容の組織的配列，②各種データ等を活用した教育課程のPDCAサイクルの確立，③人的・物的資源の効果的活用の三つの側面で整理された。また，指導方法の不断の見直しの視点として「主体的・対話的で深い学び」の視点による授業改善が重視されたことや，特に「深い学び」については各教科等の特質に応じた「見方・考え方」との関わりも重視されたことから，教科等横断的な視点で「見方・考え方」を総合的に働かせることなどを踏まえた教育課程編成が一層重視されるようになったことが，これまでに見られない教育課程編成上の特徴である。

Q16

カリキュラム・マネジメントを行うための組織づくりは どうしたらよいか？

A 既存の組織機能を十分に活用するとともに，必要に応じて統合・再編成や新しい組織の立ち上げ，新規プロジェクトの展開を検討することが重要である。

カリキュラム・マネジメントの実施においては，まず，既存の組織を基にその機能を十分に活用することが重要である。校内組織は，学部や校務分掌，各種校内委員会等，複数の組織が編成され，それぞれに固有の機能を果たしている。それぞれの組織の機能が，「学校教育目標等の実現」を念頭に置き，どのような役割を果たしているのか，今一度，検討・再整理してみることも必要である。

例えば，「教科会」が単なる物品の管理や行事の運営母体となるに留まってはいないか，教科等の専門的な立場から，各学部等の教育内容や学習・指導方法等について，その質を高めるための十分な検討や提言を行う組織となっているかに関して見直しを行う余地などもある。特に学校として立案している道徳教育全体計画，キャリア教育全体計画，防災計画等の各種の計画と関わって，既存の組織がどのように関与し，成果を上げることができるのかといった視点で検討を行い，機能の拡充や縮小を図ったり，組織間の機能を重層化させたりすることも必要になる。

一方で，働き方改革の観点からも，各種の組織が重複した機能を有している場合，目的に応じて統合・再編成することも視野に再検討する必要がある。この際，どのような立場を有する者がその組織に参画するのかといった「体制づくり」の視点を加味することや，進行管理プランを明確にするなどの「スケジュールづくり」の視点，どのような成果指標を掲げるのかといった「コンテンツづくり」の視点を加味しながら，並行して検討する工夫が考えられる。

更に組織間の連絡・調整等の連携機能をより精密化したり，有機的な機能を高めたりする場合には，新規組織の立ち上げを行い，プロジェクトチームを組織する工夫なども考えられる。学校として掲げる研究テーマに複数の学部が学部等横断的に取り組む組織を立ち上げるケースや，SDGs 等，現代的な諸課題に関連した事業組織を保護者や地域住民と共に立ち上げ，地域社会と一体となって取り組むケースなども考えられ，子供たち一人一人の自立と社会参加の実現はもとより，社会に開かれた教育課程の理念の実現と共生社会の形成に寄与する組織づくりが必要となる。

Q17

学校評価をカリキュラム・マネジメントと関連付けながら行う
とはどのようなことか？

A 教育課程と学校評価の相互の PDCA サイクルを連動させ，教育課程の
基本的構成要素等に関する質問項目を学校評価に取り入れて実施するこ
とである。

　学校評価とは「各学校が自らの教育活動その他の学校運営について，目指すべき
目標を設定し，その達成状況や達成に向けた取組の適切さ等について評価し改善し
ていく取組」である。学習指導要領改訂に係る中教審答申では，「学校評価につい
ても，子供たちの資質・能力の育成や『カリキュラム・マネジメント』と関連付け
ながら実施されることが求められる」と言及された。また，学校評価が，学校とし
て目指す目標を「子供たちにどのような資質・能力を育みたいかを踏まえて設定し，
教育課程を通じてその実現を図っていく」取組であることを踏まえると「学校評価
の営みは『カリキュラム・マネジメント』そのものであると見ることもできる」と
言及されている。学校評価の目的は「①各学校が，自らの教育活動その他の学校運
営について，目指すべき目標を設定し，その達成状況や達成に向けた取組の適切さ
等について評価することにより，学校として組織的・継続的な改善を図ること。②
各学校が，自己評価及び保護者など学校関係者等による評価の実施とその結果の公
表・説明により，適切に説明責任を果たすとともに，保護者，地域住民等から理解
と参画を得て，学校・家庭・地域の連携協力による学校づくりを進めること。③各
学校の設置者等が，学校評価の結果に応じて，学校に対する支援や条件整備等の改
善措置を講じることにより，一定水準の教育の質を保証し，その向上を図ること」
の3点である。子供たちの変化・変容の姿を中心に据えて各種の評価活動を実施す
ることとなるが，自校の教職員のみならず，保護者や地域住民，学識経験者等の関
係者が参加する中で実施される学校評価は，このたびの学習指導要領改訂の理念で
ある「社会に開かれた教育課程」の実現を具現化する取組でもある。この点をより
丁寧に進めていくためには，各学校における教育課程編成等の PDCA サイクルと，
学校評価として実施される「自己評価・学校関係者評価・第三者評価」の PDCA
サイクルとをより機能的に連動させるスケジュール管理や，学校評価において設定
する各種の評価項目や指標の中に教育課程の構成要素である項目を的確に反映させ
ること，改善策の検討や設置者等の助言を生かす協議の場づくり等が重要となる。

Q18

カリキュラム・マネジメントを活用し，教育内容を教科等横断的に組み立てるとは，どのように考えるべきか？

A 教育課程の柱である各教科，道徳科，外国語活動，総合的な学習（探究）の時間，特別活動，自立活動を相互に関連付けた構造とすることが重要である。

　教育課程の編成においては，学校教育目標の設定をはじめ，子供たちに育成する資質・能力を念頭に据え，各種の全体計画や年間指導計画を立案していくこととなる。その際，例えば，学校安全計画やキャリア教育全体計画などでは，特定の教科等の中で資質・能力を培っていくというよりも，教科等間の相互の関連の中で教育内容を互いに関係付けながら資質・能力を育成していくこととなる。

　今回の学習指導要領改訂に係る審議では，特に「教科等を越えた全ての学習の基盤として育まれ活用される資質・能力」や「現代的な諸課題に対応して求められる資質・能力」に関する検討も行われた。前者には言語能力の育成や情報活用能力の育成等，後者には健康・安全・食に関する力や主権者として求められる力等が挙げられたが，これらの諸能力は，各教科等において育まれた力を当該教科等以外の様々な学習場面や実生活場面において活用できる力にまで高めたり，広げたりすることが重要となってくる資質・能力である。これらの意図を踏まえ，目的を実現するためには，各教科等において身に付いた資質・能力や各教科等の特質に応じた「見方・考え方」を各教科等の枠を越えて活用していく場面を設定することが必要となり，教育課程全体の構造をどのように構成するのかという視点をもつことが重要になる。特に総合的な学習（探究）の時間の目標が「探究的な見方・考え方」や「探究の見方・考え方」を働かせ，横断的・総合的な学習を行うことを通して，「よりよく課題を解決し，自己の生き方を考えていくための資質・能力」や「自己の在り方生き方を考えながら，よりよく課題を発見し解決していくための資質・能力」を育成することを目指している点や特別活動の目標及びその意義と特質などを踏まえ，教育課程を意味のある機能的構造体として組み上げる視点が重要である。

　その際，知的障害のある子供たちの教育課程においては，多様な指導の形態の工夫を含めて弾力的に教育課程を編成することができる点を生かしながら，教科別の指導で学習したことを各教科等を合わせた指導の中で関連付けて発展的に学んだり，より深く探究したりするなど，学習の過程を工夫していくことも必要である。

Q19

主体的・対話的で深い学びの実現に向けた授業改善とはどうあるべきか？

A 主体的・対話的で深い学び自体を目的として授業の方法や技術の改善のみを意図するものではなく，育成を目指す資質・能力の実現のために取り組むものである。

　小学部・中学部学習指導要領の「第1章総則第4節教育課程の実施と学習評価」においては，育成を目指す資質・能力としての①生きて働く「知識・技能」の習得，②未知の状況にも対応できる「思考力・判断力・表現力等」の育成，③学びを人生や社会に生かそうとする「学びに向かう力・人間性等」の涵養が偏りなく実現されるよう，児童生徒の主体的・対話的で深い学びの実現に向けた授業改善を行うことが示されている。つまり，教師主導の授業ではなく，児童生徒の学びに寄り添い，学びの在り方を絶え間なく考え「主体的な学び」「対話的な学び」「深い学び」の視点から授業の工夫・改善を重ねていくことが重視されている。

　解説総則編によると「主体的・対話的で深い学び」の視点からの授業改善ポイントは次のように捉えられる。

・これまでの授業改善を目指した取組を否定し，全く異なる指導方法を導入しなければならないと捉える必要はない。

・授業の方法や技術の改善のみを意図するものではなく，児童生徒に目指す資質・能力を育むために「主体的な学び」「対話的な学び」「深い学び」の視点で，授業改善を進めるものである。

・各教科等において通常行われている学習活動（言語活動，観察・実験，問題解決的な学習など）の質を向上させることを主眼とするものである。

・1回1回の授業で全ての学びが実現されるものではなく，単元や題材など内容や時間のまとまりの中で，実現を図っていくものである。

・深い学びの鍵として「見方・考え方」を働かせることが重要になる。

・基礎的・基本的な知識及び技能の習得に課題がある場合には，その確実な習得を図ることを重視する。

　なお，育成を目指す資質・能力を育成するためには，様々な学習活動によって授業を組み立てていくことが重要であり，単に討論や対話，グループワークといった学習活動を行うことが主体的・対話的で深い学びではないことに留意されたい。

Q20

今までの授業でも，具体的な活動の中で，教師や友達との対話や，興味・関心を高める題材，内容を重視した授業を展開してきたが，何か変える必要があるのか？

A 今までの取組を否定するものではないが，育成を目指す資質・能力の実現のための取組として展開することが重要である。

　解説総則編において述べられているように，児童生徒に求められる資質・能力を育成することを目指した授業改善の取組は，これまでも多くの実践が積み重ねられており，主体的・対話的で深い学びの実現に向けた授業改善を行うことが，これまでの取組を否定し，全く異なる指導方法を導入しなければならないことであると捉える必要はない。

　しかしながら，これまでとの相違点としては，育成を目指す資質・能力を偏りなく実現するために「主体的な学び」「対話的な学び」「深い学び」の視点から授業改善を図るという明確な構造があることである。そのため，「主体的・対話的で深い学び」の実現に向けた授業改善の具体的な内容については，中教審答申において示された以下の三つの視点を踏まえることが重要である。

　「①学ぶことに興味や関心を持ち，自己のキャリア形成の方向性と関連付けながら，見通しをもって粘り強く取り組み，自己の学習活動を振り返って次につなげる『主体的な学び』が実現できているかという視点。

　②子供同士の協働，教職員や地域の人との対話，先哲の考え方を手掛かりに考えること等を通じ，自己の考えを広げ深める『対話的な学び』が実現できているかという視点。

　③習得・活用・探究という学びの過程の中で，各教科等の特質に応じた『見方・考え方』を働かせながら，知識を相互に関連付けてより深く理解したり，情報を精査して考えを形成したり，問題を見いだして解決策を考えたり，思いや考えを基に創造したりすることに向かう『深い学び』が実現できているかという視点」

　教科等の特質を踏まえ，具体的な学習内容や児童生徒の状況等に応じて，「主体的・対話的で深い学び」の視点に立った授業改善を行うことで，質の高い学びを実現し，学習内容を深く理解し，資質・能力を身に付け，生涯にわたって能動的（アクティブ）に学び続けるようにすることが求められている。

Q21

重度の障害により意思表出の難しい児童生徒の場合に，どのようにして「主体的・対話的で深い学び」を進めていけばよいか？

A 言語による討論や対話といった限定的な捉えではなく，本人の意思表出に寄り添い読み解き，関わりを通して学ぶことも含めて捉えることが必要である。

　中教審答申では，「アクティブ・ラーニングの視点からの指導方法の見直しについては，子供たちが思考し，判断し，表現していく学びの過程が重要となるが，障害のために思考し，判断し，表現することへの困難さのある子供たちについても，障害の状態等に留意して，『主体的・対話的で深い学び』を実現することを目指し，これらの困難さに対応しながら，学びの過程の質的改善を行うことが求められる」と述べている。つまり，重度の障害により意思表出が難しかったり，思考し，判断し，表現することへの困難さを抱えたりする児童生徒であっても「主体的・対話的で深い学び」としての学びの過程を重視することが求められている。

　そのためには「主体的・対話的で深い学び」での取組を単に言語を用いた討論や対話といった限定的で特定な取組のみとして捉えるのではなく，Q20 でも示したように「主体的・対話的で深い学び」の視点を踏まえた上で実践が求められる。

　しかし，これまでの教育実践の中でも「主体的・対話的で深い学び」となる取組があるわけで，その実践の捉え直しをきっかけに障害の重い児童生徒への「主体的・対話的で深い学び」の取組を検討することが望ましい。例えば，音声言語でのやり取りに困難さを抱える児童生徒の場合には，児童生徒が利用可能な ICT 機器を含めて AAC（補助代替コミュニケーション）を活用し他者とのやり取りを展開することが想定される。また，言語を介さずとも互いの活動の様子を見合うことによって自らの考えを広げ取組を変化させていくことも対話的な学びとして捉えることができる。更には，教師からの一方的な関わりをするのではなく，障害の重い児童生徒のわずかな意思表出に教師が寄り添って，心の動きなどを読み解きながら次なる関わりを見いだしていくことも対話的な学びと捉えることができよう。「主体的・対話的で深い学び」の視点から障害の重い児童生徒への教育を改めて捉え直す機会にもしたい。

教育内容等の主な改善事項

Q22

知的障害が重い児童生徒に「主体的・対話的で深い学び」を
する場合の配慮事項はどんなことか？

A 基礎的な知識及び技能習得の学習活動，主体的・対話的で深い学びの視
点による学習活活動を単元等の中に計画的，構造的，段階的に展開する
ことが重要である。

　これまでも知的障害教育において児童生徒に求められる資質・能力を育成するこ
とを目指した授業実践が取り組まれているが，ともすると学習活動そのものが目的
となり，学習内容が分かりにくくなってしまうことがある。「主体的・対話的で深
い学び」による授業実践はあくまでも育成を目指す資質・能力を偏りなく実現する
ために取り組むものである。そのため，知的障害が重い生徒への「主体的・対話的
で深い学び」による授業実践では，まずは「何ができるようになるか」を見据えて
目標や内容を明確にすることが求められる。目指す資質・能力としての三つの柱に
よって整理された教科等の目標や内容を踏まえ，個々の実態に応じて将来の実際的
な生活に役立つ力の育成を目指していくことが重要である。

　解説総則編には「単元や題材など内容や時間のまとまりを見通した学習を行うに
当たり基礎となるような，基礎的・基本的な知識及び技能の習得に課題が見られる
場合には，それを身に付けさせるために，児童生徒の学びを深めたり主体性を引き
出したりといった工夫を重ねながら，確実な習得を図ることが求められる」と述べ
られ，中教審答申では，「教える場面と，子供たちに思考・判断・表現させる場面
を効果的に設計し関連させながら指導していくことが求められる」と述べられてい
る。これらを踏まえれば，知的障害の重い児童生徒が学習活動に参加するために，
知的機能や物事の理解の特性など個々人の実態に応じて，新たに獲得したり補った
りすることが求められる知識及び技能があるかを見定めながら，基礎的な知識及び
技能習得の学習活動，主体的・対話的で深い学びの視点による学習活動を単元等の
中に計画的，構造的，段階的に組み込むことが重要となる。

　その上で「単元のゴールや個人個人の目標を本人が分かるように具体的に示すこ
とによって，学習過程の見通しをもたせる」「本時での学習内容が経験のみで概念
化させるのではなく，概念化を補うようなキーワード等を定め，活用する」「音声
言語に限らず児童生徒が利用可能なコミュニケーション手段を用いる」などの「主
体的・対話的で深い学び」の視点に立った工夫ある学習活動の展開が望まれる。

Q23

「主体的・対話的で深い学び」の授業評価をどうしたらよいか？

A 指導方法のみとして評価するのではなく，身に付けた資質・能力の評価とその活用を評価し，効果的な学習内容の習得につながったかを評価する。

　育成を目指す資質・能力を偏りなく実現するために，主体的・対話的で深い学びの視点から授業改善をすることが重視されている。そのため，授業評価において，指導方法としての主体的・対話的で深い学びの取組のみを評価するのではなく，学習を通してどのような資質・能力が身に付いたかを当該教科等を中心に確認していくことが必要となる。その際，児童生徒の学びの成果や学びのプロセスを評価するために，学習における目標に即して評価することが必要である。したがって，単元や授業を組み立てる段階から児童生徒において学びを通してどのような姿が見られるかを想定した上で，予め学習状況や過程を評価する方法や観点，評価規準を定めておくことが重要である。加えて，習得した知識及び技能，見方・考え方が当該の授業や単元での学習状況，過程のみならず，学校生活全般，地域・家庭生活においてどのように表れたかを捉えていくことも重要である。それこそが，主体的・対話的で深い学びの視点から授業によって①生きて働く「知識・技能」の習得，②未知の状況にも対応できる「思考力・判断力・表現力等」の育成，③学びを人生や社会に生かそうとする「学びに向かう力・人間性等」の涵養が実現された姿となる。

　また，学びの成果やプロセスを評価するに当たっては，児童生徒が学習したことの意義や価値を実感できるようにするための工夫が求められる。教師による指導とともに，児童生徒による学習活動の相互評価や自己評価などの工夫も求められる。

　一方で，授業評価においては，授業や単元を構成する要素に基づいて授業・指導の評価をする必要がある。個別の指導計画に基づく学習内容の設定，学習活動，学習環境，教材・教具，集団構成，単元の構成，時間数，教示方法や関わり方等に基づいて，児童生徒にとって効果的に学習内容の習得につながったかを評価することが必要である。そして，授業・指導の評価を単元計画や年間指導計画を含めて教育課程そのものを検討することにつなげていくことも重要である。主体的・対話的で深い学びの視点に基づく授業改善がカリキュラム・マネジメントを機能化させる一つの取組となる。

Q24

知的障害のある児童生徒にとって「深い学び」をどのように捉えたらよいか？

A 獲得した知識及び技能等を社会や日常生活において活用できるかを観点とした授業の工夫・改善が求められる。

　児童生徒の主体的・対話的で深い学びの実現に向けた授業改善を行う際には，特に「深い学び」の視点が重要であるとされる。解説総則編では「主体的・対話的で深い学びの実現を目指して授業改善を進めるに当たり，特に『深い学び』の視点に関して，各教科等の学びの深まりの鍵となるのが『見方・考え方』である。各教科等の特質に応じた物事を捉える視点や考え方である『見方・考え方』は，新しい知識及び技能を既にもっている知識及び技能と結び付けながら社会の中で生きて働くものとして習得したり，思考力，判断力，表現力等を豊かなものとしたり，社会や世界にどのように関わるかの視座を形成したりするために重要なものであり，習得・活用・探究という学びの過程の中で働かせることを通じて，より質の高い深い学びにつなげることが重要である」と述べられている。

　知的障害教育においては，この「見方・考え方」に基づき「深い学び」につなげることが児童生徒における学習特性によって困難であることも予測される。しかし，単に知識及び技能のみを一方的に教授するのではなく，教師は各教科等を含めて学ぶことの本質的な意義の中核となる「見方・考え方」が何であるかを考え，児童生徒が学習や社会生活，人生において「見方・考え方」が活用できるように，必要な知識及び技能を教授することに加え，児童生徒の思考を深めるために発言を促したり，気付いていない視点を提示したりするなどが求められる。

　例えば，「人に会った際には挨拶をする」と単に挨拶の知識及び技能を教えるだけでなく，挨拶をすることの本質的な意義が何であるかを考えた上での授業実践が求められる。挨拶の本質的な意義を「他者に対する敬意」「関わりのきっかけ」とするならば，その本質的な意義に児童生徒が気付ける学習活動の準備，児童生徒の思考の深めや気付きのための関わりが必要となる。それは，例えば「いつ，どのような場面で，誰に，どのように挨拶するか」を様々な学習活動を通して学ぶことになるかもしれない。そして，社会や日常生活において獲得した知識・技能を活用できるかを評価の観点とした授業の工夫・改善が求められることになる。

Q25

これまでの「言語活動の充実」と「対話的な学び」は
どう違うのか？

A いずれも資質・能力の育成や学習の基盤と位置付けられ重要とされるが，「対話的な学び」は人との関わりを通して自己の考えを広げ深めることである。

　文部科学省の教育課程企画特別部会における「言語活動の検証改善のため，言語活動の充実に関する意見交換」（平成26年10月実施）によると，言語活動の今後の方向性としては「各教科等の教育目標を実現するため，見通しを立て，主体的に課題の発見・解決に取り組み，振り返るといった学習の過程において，言語活動を効果的に位置づけ，そのねらいを明確に示すことが必要である。アクティブ・ラーニングを構成する学習活動の要素を検討する際も，言語が学習活動の基盤となるものであることを踏まえた検討が必要である」と意見交換がなされている。

　また，小学校学習指導要領（平成29年告示）解説総則編でも言語活動の充実について「前回の改訂においては，知識及び技能と思考力，判断力，表現力等をバランスよく育むため，基礎的・基本的な知識及び技能の習得とそれらを活用する学習活動やその成果を踏まえた探究活動を充実させることとし，これらの学習が全て言語により行われるものであることから，言語に関する能力の育成を重視して各教科等における言語活動を充実させることとした。今回の改訂においても，言語は児童の学習活動を支える重要な役割を果たすものであり，言語能力は全ての教科等における資質・能力の育成や学習の基盤となるものであると位置付けている」とある。

　つまり，前回改訂における各教科等を貫く改善の視点であった言語活動の充実は，新学習指導要領においても資質・能力の育成や学習の基盤と位置付けられ，引き続き重要であるとしている。いずれも育成を目指す資質・能力を偏りなく実現するために取り組むものではあるが，言語活動と「対話的な学び」を含めた「主体的・対話的で深い学び」は同じ取組であると捉えることはできない。学習指導要領で述べられる「記録，要約，説明，論述，話合い等としての『言語活動』」と「子供同士の協働，教職員や地域の人との対話，先哲の考え方を手掛かりに考えること等を通じ，自己の考えを広げ深める『対話的な学び』」の違いを踏まえた上での取組が求められる。なお，「言語」は「音声言語」に限らず，手話，サイン，シンボル等を含めて幅広く捉えることが肝要である。

（4） 学習評価

Q26

知的障害教育における学習評価はどうあるべきか？

A 個々の児童生徒に応じた評価方法の工夫・改善により，各教科等の目標や内容に応じた学習状況を適切に把握し，指導や学習の改善に生かしていくことが重要である。

　中教審答申では，学習評価について次の二つが重要であると述べている。
・学習の成果を的確に捉え，教員が指導の改善を図ること。
・子供たち自身が自らの学びを振り返って次の学びに向かえるようにすること。
　この答申を受けて，中央教育審議会初等中等教育分科会教育課程部会報告「児童生徒の学習評価の在り方について」（平成31年1月）では，障害のある児童生徒などの学習評価について，個々の児童生徒の状況に応じた評価方法の工夫・改善を通じた学習状況の適切な把握，指導及び学習の改善など，それぞれの実態に応じた対応を求めている。
　また，知的障害者である児童生徒に対する教育課程については，児童生徒の一人一人の学習状況を多角的に評価するため，次のことが必要であるとしている。
・各教科の目標に準拠した評価による学習評価
・学習評価を基に授業評価や指導評価を行い，教育課程編成の改善・充実に生かすことのできるPDCAサイクルの確立
　更に，解説総則編で，「教科別の指導を行う場合や各教科等を合わせて指導を行う場合においても，評価について，教師が相互に情報を交換し合いながら適時，適切に評価に関する情報を積み上げ，組織的・体系的に取り組んでいくことも重要である」として次のことが示されている。
・個別の指導計画の作成と活用についての共通理解を教師間で図ること。
・教育課程改善と個別の指導計画の目標設定・評価がつながる仕組み（資料，手続き等）を整え，教育課程の検討スケジュールと体制に組み入れること。
・題材研究や授業研究にとどまらず，卒業した後の事例等からの多様な情報を教育課程改善に生かすこと。
　このような観点に留意しつつ，学習評価を授業改善や教育課程改善に生かすカリキュラム・マネジメントを進めていくことが重要である。

Q27

知的障害教育における学習評価を進める際のポイントは何か？

A 評価結果を学習改善や指導改善につなげ，必要性・妥当性が認められないものを見直し，学年や学校段階を越えて学習成果が円滑に接続されるように工夫すること。

　中央教育審議会初等中等教育分科会教育課程部会報告「児童生徒の学習評価の在り方について」（平成31年1月）では，学習評価の結果により教育活動の質の向上を図ることが必要だとした上で，課題として「評価の結果が児童生徒の具体的な学習改善につながっていない」ことなどを指摘するとともに，次のような改善を求めている。

・児童生徒の学習改善につながるものにしていくこと
・教師の指導改善につながるものにしていくこと
・これまで慣行として行われてきたことでも，必要性・妥当性が認められないものは見直していくこと

　そこで，学習評価の改善に向けた条件整備の一つとして，「各学校においては，学習評価の妥当性や信頼性が高められるよう，例えば，評価規準や評価方法等を事前に教師同士で検討し明確化することや評価に関する実践事例を蓄積し共有していくこと，評価結果についての検討を通じて評価に関する教師の力量の向上を図ることや，教務主任や研究主任を中心に学年会や教科等部会等の校内組織を活用するなどして，組織的かつ計画的な取組に努めることが求められる」などが示された。

　また，学習指導要領で「創意工夫の中で学習評価の妥当性や信頼性が高められるよう，組織的かつ計画的な取組を推進するとともに，学年や学校段階を越えて児童又は生徒の学習の成果が円滑に接続されるよう工夫すること」と示し，同解説総則編で「学年や学校段階を越えて児童生徒の学習の成果が円滑に接続されるようにすることは，学習評価の結果をその後の指導に生かすことに加えて，児童生徒自身が成長や今後の課題を実感できるようにする観点からも重要なことである。このため，学年間で児童生徒の学習の成果が共有され円滑な接続につながるよう，指導要録への適切な記載や学校全体で一貫した方針の下で学習評価に取り組むことが大切である」としている。知的障害教育における学習評価を進める際に，これらのことを踏まえておくことが重要である。

Q28

今回の改訂で，知的障害教育における学習評価の在り方は
どのように変わっていくと考えられるか？

A 個別の指導計画に基づいて行われた学習状況や結果について，観点別の
学習状況を取り入れて評価を行うようになる。

　中教審答申では，「観点別評価については，（中略）『知識・技能』『思考・判断・
表現』『主体的に学習に取り組む態度』の３観点に整理することとし，指導要録の
様式を改善することが必要である」とされている。

　これを踏まえた「児童生徒の学習評価の在り方について（報告）」では，障害の
ある児童生徒に係る学習評価について以下の二つを示している。

・知的障害者である児童生徒に対する教育を行う特別支援学校の各教科においても，
　文章による記述という考え方を維持しつつ，観点別の学習状況を踏まえた評価を
　取り入れることとする。

・障害のある児童生徒について，個別の指導計画に基づく評価等が行われる場合が
　あることを踏まえ，こうした評価等と指導要録との関係を整理することにより，
　指導に関する記録を大幅に簡素化し，学習評価の結果を学習や指導の改善につな
　げることに重点を置くこととする。

　その上で，「小学校，中学校，高等学校及び特別支援学校等における児童生徒の
学習評価及び指導要録の改善等について」（文部科学省通知　30文科初第1845号）
では，「各教科等・各学年等の評価の観点及びその趣旨」（別紙４，５）に，特別支
援学校（知的障害）各学部各教科の評価の観点及びその趣旨が示された。

　また，指導要録について，「特別支援学校（知的障害）各教科については，特別
支援学校の新学習指導要領において，小・中・高等学校等との学びの連続性を重視
する観点から小・中・高等学校の各教科と同様に育成を目指す資質・能力の三つの
柱で目標及び内容が整理されたことを踏まえ，その学習評価においても観点別学習
状況を踏まえて文章記述を行うこととしたこと」と示された。なお，各学部の指導
要録（参考様式）の「各教科・特別活動・自立活動の記録」の各教科等の間に点線
が入った。学習の記録については，各教科の目標，内容に照らし，各教科の評価の
観点及びその趣旨を踏まえ，具体的に定めた指導内容，実現状況等を箇条書き等に
より文章で端的に記述することになる。

Q29

知的障害教育の各教科の指導における学習評価で大切にすべきことは何か？

A 児童生徒のよい点等を積極的に評価したり，単元や題材などのまとまりを見通しながら評価を工夫したりするなど，個別の指導計画に基づいた評価をすること。

　学習指導要領では，学習評価の実施に当たって配慮する事項を以下のように述べている。

(1)　児童又は生徒のよい点や可能性，進歩の状況などを積極的に評価し，学習したことの意義や価値を実感できるようにすること。また，各教科等の目標の実現に向けた学習状況を把握する観点から，単元や題材など内容や時間のまとまりを見通しながら評価の場面や方法を工夫して，学習の過程や成果を評価し，指導の改善や学習意欲の向上を図り，資質・能力の育成に生かすようにすること。

(2)　各教科等の指導に当たっては，個別の指導計画に基づいて行われた学習状況や結果を適切に評価し，指導目標や指導内容，指導方法の改善に努め，より効果的な指導ができるようにすること。

　(1) については，各教科等の目標の実現に向けた学習状況の把握に向けて，単元や題材など内容や時間のまとまりを見通しながら評価の場面や方法を工夫し，適切な場面で評価を行う必要がある。また，「主体的に学習に取り組む態度」については，知識及び技能を獲得したり，思考力，判断力，表現力等を身に付けたりすることに向けた粘り強い取組の中で，自らの学習を調整しようとしているかどうかを含めて評価するとともに，観点別学習状況の評価や評定にはなじまず，こうした評価では示しきれないことから個人内評価を通じて見取る部分があることにも留意する必要がある。

　(2) については，児童生徒にとって適切な計画であるかどうかは，実際の指導を通して明らかになるものである。したがって，PDCA のサイクルにおいて，学習状況や結果を適宜，適切に評価を行うことが大切である。また，設定した指導目標を達成できていなかった場合，個々の実態から見て，設定した指導目標が高すぎたり，指導内容や指導方法が適切でなかったりなどの場合などが考えられる。課題を明らかにして，その課題の背景や要因を踏まえて，改善を図る必要がある。

Q30

知的障害教育の自立活動における学習評価で
大切にすべきことは何か？

A 学習状況や結果を適切に評価し，個別の指導計画や具体的な指導の改善
に生かすように努め，計画的，組織的に指導が行われるようにすること
が大切である。

全般的な知的発達の程度や適応行動の状態に比較して，言語，運動，動作，情緒，
行動等の特定の分野に，顕著な発達の遅れや特に配慮を必要とする様々な状態が知
的障害に随伴して見られる場合，障害の状態による困難の改善等を図るために自立
活動の指導を効果的に行う必要がある。

自立活動の指導は，個々の児童生徒の的確な実態把握に基づき，指導すべき課題
を明確にして，個別に指導目標や具体的な指導内容を定めた個別の指導計画を作成
し，それに基づき指導が行われる。自立活動の指導における評価について，特別支
援学校学習指導要領では，「児童又は生徒の学習状況や結果を適切に評価し，個別
の指導計画や具体的な指導の改善に生かすよう努めること」と示されている。

個別の指導計画に基づいて行われた指導が適切であるかどうかは，実際の指導を
通して明らかになる。児童生徒の学習状況や指導の結果に基づいて，適宜修正を図
るために，指導目標を設定する段階において，児童生徒の実態に即し，その到達状
況を具体的に捉えておくことが重要である。

また，計画の妥当性について検討できるよう，指導の効果をどのように評価する
のかについて明らかにしておくことが必要である。更に，指導の効果を適切かつ多
面的に判断できるよう，自立活動の指導の担当者だけでなく，各教科等の指導に関
わっている教師間の協力の下に評価を行うとともに，必要に応じて，外部の専門家
や保護者等との連携を図っていくことも大切である。

評価は，児童生徒にとっても，自らの学習状況や結果に気付き，自分を見つめ直
すきっかけとなり，その後の学習への意欲や発達を促す意義があるため，児童生徒
の実態に応じて，自己評価を取り入れることも必要である。

以上のように，知的障害教育の自立活動における学習評価では，学習状況や結果
を適切に評価し，指導の改善に生かすように努めるとともに，各教科等の指導と密
接な関連を保ち，計画的，組織的に指導が行われるようにすることが大切である。

Q31

知的障害教育の各教科等を合わせた指導における学習評価で大切にすべきことは何か？

A 各教科等において育成を目指す資質・能力を明らかにし，各教科等の内容間の関連を十分に踏まえて評価を行うこと。

　知的障害教育において，各教科等を合わせて指導を行う場合，各教科，道徳科，外国語活動，特別活動及び自立活動に示す内容を基に，児童生徒の知的障害の状態や経験等に応じて，具体的に指導内容を設定することになる。その際，各教科等それぞれの目標の系統性や内容の関連性に十分配慮しながら，指導目標，指導内容，指導の順序，指導の時間配当等を十分に明らかにした上で，適切に年間指導計画等を作成する必要がある。

　今回の改訂では，各教科全体にわたる内容の取扱いが示された。そこでは，全体的な指導計画に基づき具体的な指導目標や指導内容を設定すること及び，「必要に応じて各教科等を合わせて指導を行うなど，効果的な指導方法を工夫するものとする。その際，各教科等において育成を目指す資質・能力を明らかにし，各教科等の内容間の関連を十分に図るよう配慮するものとする」ことが示された。

　したがって，知的障害教育の各教科等を合わせた指導における学習評価においては，全体的な指導計画に基づき単元や題材の指導計画を作成するとともに，各教科等において育成を目指す資質・能力を明らかにし，各教科等の内容間の関連を十分に踏まえて評価を行うことが大切である。

　なお，「小学校，中学校，高等学校及び特別支援学校等における児童生徒の学習評価及び指導要録の改善等について」（文部科学省通知　30文科初第1845号）では，指導に関する記録について，「学校教育法施行規則第130条の規定に基づき各教科の全部若しくは一部について合わせて授業を行った場合又は各教科，道徳科，外国語活動，特別活動及び自立活動の全部若しくは一部について合わせて授業を行った場合並びに特別支援学校小学部・中学部学習指導要領（平成29年文部科学省告示第73号）第1章第8節の規定（重複障害者等に関する教育課程の取扱い）を適用した場合にあっては，その教育課程や観点別学習状況を考慮し，必要に応じて様式等を工夫して，その状況を適切に端的に記入する」ことを求めている。

Q32

観点別学習評価と指導の目標の関係はどのようにあるべきか？

A 観点別学習評価の結果を指導の目標に生かさなければならない。

　学習指導要領では，「何を理解しているか，何ができるか（個別の知識・技能）」「理解していること・できることをどう使うか（思考力・判断力・表現力等）」「どのように社会・世界と関わり，よりよい人生を送るか（学びに向かう力，人間性等）」の三つの柱で目標及び内容が再整理された。これを踏まえ，特別支援学校（知的障害）の各教科についても，小・中学校等との学びの連続性を重視する観点から，小・中学校等の各教科と同様に，育成を目指す資質・能力の三つの柱で目標及び内容が整理されている。

　育成を目指す資質・能力の三つの柱は，特別支援学校においても同様であり，整理された3観点も同じである。その3観点とは，「知識・技能」「思考・判断・表現」「主体的に学習に取り組む態度」である。

　指導の目標を立てる際には，対象となる児童生徒の実態を評価する必要がある。そして，上述の3観点で実態を評価するのである。これが観点別学習評価である。「知識・技能」では，何を知っていて，何が使えるのかを評価する。「思考・判断・表現」では，どのような表現方法や考え方をするのか等について評価する。「主体的に学習に取り組む態度」では，自ら積極的に学ぶ様子が見られるか等を評価する。そして，PDCAサイクルに合わせて，観点別学習評価をしながら，その評価を基に柔軟に指導の目標を設定し，指導するのである。なお，「主体的に学習に取り組む態度」においては，「人間性」などについて，一部観点別学習評価になじまない部分がある。その部分は，個人内評価を指導の目標に反映させる必要がある。

　また，観点別学習評価で得られた指導の目標は，個別の指導計画に記載される目標とも関連していることが重要である。個別の指導計画に反映されることで，観点別学習評価で得られた指導の目標を次に引き継ぐことができるからである。

　観点別学習評価は，児童生徒の課題がどの観点にあるのかを明らかにすることができる。それは，児童生徒への具体的な指導の目標や学習内容，指導の在り方を検討する際に生かすことができるものである。

Q33

学習指導と学習評価の一体化はどのようにあるべきか？

A PDCAサイクルで学習評価を通じて学習指導の在り方を見直すことや，個に応じた指導を充実させることが重要である。

　学習評価をする際にはPDCAサイクルの考え方を取り入れていくことが重要である。

　PDCAサイクルはPlan, Do, Check, Actionの頭文字を取ったものであり，それらがP → D → C → A → P……と循環することの重要性を示すものである。

　Planは，指導計画の作成のことである。当然この中には指導の目標も示されることになる。

　Doは，指導計画を踏まえた教育活動の実施になる。個々の児童生徒の実態に応じて立てられた目標に沿って指導することである。

　Checkは，児童生徒の学習状況の評価と，指導計画等の評価のことである。

　Actionは，児童生徒の学習状況の評価を基に，授業や指導計画等を改善することである。

　このように，PDCAサイクルでは，学習指導と学習評価が相互に影響を与える関係になる。その結果，学習評価が，次の学習指導に生かされることになるため，指導が効果的になるのである。これが，学習指導と学習評価の一体化が重要であることの理由である。学習指導と学習評価は別物ではないのである。

　学習評価が，次の指導につながる評価になるということから，評価の結果は個々の児童生徒と共有することができる。そのため，児童生徒自身が授業における目的を意識しながら学習を進めることができるようになる。同時に，保護者とも学習指導の目的を共有しやすくなる。保護者との連携は，児童生徒の発達を支援する上で重要である。学習評価を基にした目標を保護者と共通理解することができれば，学習指導した内容が汎化されやすくなり，指導の結果を実際の生活場面と結び付けやすくなるからである。このように，学習指導と学習評価を一体化することは，学習指導をより効果的なものにする上で重要であり，学校での教育を「生きる力」につなげる上で大切なことなのである。

Q34

育成すべき資質・能力の目標設定と学習評価との一体化は
どのようにあるべきか？

A 「知識及び技能」「思考力，判断力，表現力等」「学びに向かう力，人間
性等」は，学習評価との一体化によって充実が図られる。

そもそも，「資質」という言葉をどのように捉えればよいのかから考えてみる。

教育基本法第5条第2項では，義務教育の目的として，「各個人の有する能力を
伸ばしつつ社会において自立的に生きる基礎を培い，また，国家及び社会の形成者
として必要とされる基本的な資質を養うこと」とされている。ここで使われている
「資質」とは，「能力や態度，性質などを総称するものであり，教育は先天的な資質
をさらに向上させることと，一定の資質を後天的に身に着けさせるという両方の観
点を持つものである」※とされている。つまり，「資質」は広い意味では，「能力」
を含んだ概念なのである。本来ならば，「資質」という言葉だけでよいのであろう
が，「資質」だけでは，「能力」を含んでいることが分かりにくいために，一体的に
捉えやすくするために「資質・能力」という言い方をしているということである。

育成すべき資質・能力の目標設定において，今回整理された，「知識・技能」「思
考・判断・表現」「主体的に学習に取り組む態度」の3観点での評価は重要である。

この3観点で評価する際，「知識・技能」「思考・判断・表現」は，観点別学習評
価による評価が可能であるが，「主体的に学習に取り組む態度」については，観点
別学習評価ができる部分と，なじまない部分があることに留意する必要がある。な
じまない部分は，観点別学習評価では示しきれないため，個人内評価を通じて見取
る必要があるということである。

更に，児童生徒の学び方を評価することも重要である。学習評価は，指導者と児
童生徒が学習を通してやり取りする中での評価になる。そのため，個々の児童生徒
の学び方の違いに配慮した学習環境を整えるためには，学習評価を反映させること
は欠かすことができないのである。

このように，育成すべき資質・能力の目標設定には，学習評価が欠かせない。そ
のため，育成すべき資質・能力の目標設定と学習評価を一体化して，効果的な指導
ができるようにすることが重要なのである。

※田中壮一郎監修『逐条解説　改正教育基本法』第一法規，2007年

Q35

「特別の教科　道徳」「総合的な学習（探究）の時間」「自立活動」
の学習評価の在り方はどのようにあるべきか？

A 「特別の教科　道徳」「総合的な学習（探究）の時間」「自立活動」の学
習評価は個人内評価である。

「特別の教科　道徳」「総合的な学習（探究）の時間」「自立活動」の評価は，観
点別学習評価ではなく，個人内評価であり，記述で表現することが適切である。

「特別の教科　道徳」においては，児童生徒の道徳性に関わる成長を丁寧に観察
しながら評価していくことが求められる。道徳性に関わる成長は個々の児童生徒で
異なるため，個人内評価でなければならない。その際，個々の児童生徒の道徳性の
成長を促すことにつながる評価であるとともに，学校での指導をより効果的なもの
にすることが重要である。多様な学び方をする児童生徒がいることに配慮した指導
が行われているかも評価する必要がある。

「総合的な学習の時間」の目標は，「探究的な見方・考え方を働かせ，横断的・総
合的な学習を行うことを通して，よりよく課題を解決し，自己の生き方を考えてい
くための資質・能力を次のとおり育成することを目指す」である。指導内容が自己
の生き方に関わることになるため，その評価は個人内評価でなければならない。ま
た，指導計画の作成に当たっては，「総合的な学習（探究）の時間」は指導の形態
である「生活単元学習」とは異なるということを理解して評価しなければならない。

「自立活動」の目標は，「個々の児童又は生徒が自立を目指し，障害による学習上
又は生活上の困難を主体的に改善・克服するために必要な知識，技能，態度及び習
慣を養い，もって心身の調和的発達の基盤を培う」となっている。ここで重要なこ
とは，自立活動の目標は，障害を克服するのではなく，障害による学習上又は生活
上の困難を主体的に改善・克服となっている点である。学習上の困難や生活上の困
難は個別的なものであり，それらを克服・改善するために必要な支援も当然個別的
なものになる。個々の児童生徒が，自分にとって必要な支援を生活で生かすことが
できるように個人内評価をしなければならないのである。

このように，いずれも児童生徒個人の生き方に関わるものであるため，個人内評
価をする必要がある。また，その際，成長の過程を分かりやすくするために，記述
で表現するのである。

「各教科等を合わせた指導」の学習評価は，
教科等との関係においてどのようにあるべきか？

A 各教科等を合わせた指導の評価には，各教科の観点別学習評価が入るべきである。

　特別支援学校の指導の形態として特徴的なものに各教科等を合わせた指導がある。この指導の根拠は学校教育法施行規則第130条第2項に示されている。そこには，「特別支援学校の小学部，中学部又は高等部においては，知的障害者である児童若しくは生徒又は複数の種類の障害を併せ有する児童若しくは生徒を教育する場合において特に必要があるときは，各教科，道徳，外国語活動，特別活動及び自立活動の全部又は一部について，合わせて授業を行うことができる」とある。

　知的障害のある児童生徒の場合，学習によって得た知識や技能が断片的になりやすく，生活の場で応用されにくいことや，成功経験が少ないことが多く，失敗を恐れて意欲的に活動に取り組めないことがある。また，生活経験が不足していることも多い。そのため，実際的・具体的な内容を指導する必要があり，教科別での指導より，各教科等の内容を合わせた指導形態のほうが，効果的に指導できるという理由から，「特に必要があるとき」に合わせた指導が教育課程に位置付けられるのである。ここで，「特に必要があるとき」と示されていることを忘れてはならない。合わせた指導は，それが効果的だと考えられる場合に，特に認められた指導形態だということである。特別支援学校では，合わせた指導として「日常生活の指導」「遊びの指導」「生活単元学習」「作業学習」等が行われている。

　合わせた指導の学習評価を考える上で大切なことは，合わせた指導は，指導の形態だということである。つまり，指導計画には各教科の目標が反映されていなければならないのである。評価の際には，各教科の観点別学習評価が求められる。

　各教科の目標や内容は，育成を目指す資質・能力の三つの柱に基づき整理され，小・中学部の各段階に目標と内容が示されている。これらの目標と内容を評価に取り入れていくことが重要なのである。

　合わせた指導は，特に必要な場合に認められた指導形態であることを意識しておかないと，安易な評価になりやすい。指導計画に各教科等の目標や内容が反映されているか確認し，観点別学習評価ができるように指導計画を立てる必要がある。

Q37

育成を目指す「資質・能力」とはどのようなものか？

A あらゆる資質・能力に共通する要素を「知識及び技能」「思考力，判断力，表現力等」「学びに向かう力，人間性等」として整理したものである。

　学習指導要領（小学部，中学部）の第1章総則第2節3（高等部は第1章総則第2節第1款3）には，育成を目指す資質・能力の三つの柱として，次のとおり示されている。
(1)　知識及び技能が習得されるようにすること。
(2)　思考力，判断力，表現力等を育成すること。
(3)　学びに向かう力，人間性等を涵養すること。
　また，解説総則編の第3編の第2章第2節3には，次のとおり示されている（下線は引用者）。
「3　育成を目指す資質・能力
　（略）中央教育審議会答申において指摘されているように，国内外の分析によれば，資質・能力に共通する要素は，知識に関するもの，思考や判断，表現等に関わる力に関するもの，情意や態度等に関するものの三つに大きく分類できる。<u>本項が示す資質・能力の三つの柱</u>は，こうした分析を踏まえ，『生きる力』や各教科等の学習を通して育まれる資質・能力，学習の基盤となる資質・能力（第1章総則第3節の2の(1)），現代的な諸課題に対応して求められる資質・能力（第1章総則第3節の2の(2)）といった，<u>あらゆる資質・能力に共通する要素を資質・能力の三つの柱として整理したものである。</u>
　（略）資質・能力の三つの柱は学校教育法第30条第2項や第1章総則第2節の2の(1)に示された要素と大きく共通するとともに，確かな学力に限らず，知・徳・体にわたる『生きる力』全体を捉えて，共通する重要な要素を示したものである」
　以上の育成を目指す資質・能力の三つの柱は，教育課程の中で計画的・体系的に育むことを目指して整理されている。なお，どのような資質・能力の育成を目指すのかを明確にする際には，児童生徒が「何ができるようになるか」という学習する子供の視点に立つことが重要である。

Q38

「生きる力」と「資質・能力」は，どのような関係にあるのか？

A 知・徳・体のバランスの取れた「生きる力」を，育成を目指す「資質・能力」の三つの柱の考え方でより具体化し，各学校で特色ある教育活動を展開する。

　「生きる力」とは，基礎・基本を確実に身に付け，いかに社会が変化しようと，自ら課題を見つけ，自ら学び，自ら考え，主体的に判断し，行動し，よりよく問題を解決する資質・能力，自らを律しつつ，他人とともに協調し，他人を思いやる心や感動する心などの豊かな人間性，たくましく生きるための健康や体力などである。

　この「生きる力」を，次の「資質・能力」の三つの柱で再整理，具体化し，日々の教育活動の充実を目指す。

① 知識及び技能が習得されるようにすること。

② 思考力，判断力，表現力等を育成すること。

③ 学びに向かう力，人間性等を涵養すること。

　その際には，児童生徒の障害の状態や特性及び心身の発達の段階等を踏まえつつ，三つの柱を偏りなく育成することが大切である。なお，学習指導要領及び同解説には，「確かな学力」「豊かな心」「健やかな体」について詳細に規定，解説されている。

　更に，今回の学習指導要領及び同解説では，この三つの柱を教育課程を支える重要な骨組みとしながら，教科等間の横断的なつながりや学部間の系統的なつながりが解説されている。教科等間のつながりにおいては，全ての教科等において「資質・能力」の三つの柱に基づき，各教科等の目標や内容が整理された。また，学部間のつながりにおいては，各学部共通に示されていた目標が各学部の段階ごとに示され，各学部や各段階の内容もより系統性あるつながりとして整理された。これらにより，各学部間の円滑な接続が図られることになった。このように，「生きる力」を具体化した「資質・能力」は，教育課程全体を見渡して育んでいくことが重要である。

　今回の学習指導要領の改訂が，小・中学校，高等学校と特別支援学校との「学びの連続性」を促進し，併せてインクルーシブ教育システムの構築を推進することが期待されている。

Q39

小学校，中学校，高等学校と特別支援学校とでは「資質・能力」
の考え方に違いはあるか？

A 基本的な考え方に違いはないが，児童生徒の障害の状態や特性及び心身
の発達の段階等を踏まえる必要がある。

　文部科学省が示した「特別支援学校学習指導要領等の改訂のポイント」には，今
回の改訂の基本的な考え方として，「社会に開かれた教育課程の実現，育成を目指
す資質・能力，主体的・対話的で深い学びの視点を踏まえた指導改善，各学校にお
けるカリキュラム・マネジメントの確立など，初等中等教育全体の改善・充実の方
向性を重視」と示されていることから，小学校，中学校，高等学校と特別支援学校
とでは，「資質・能力」の考え方に基本的な違いはない。
　ただし，学習指導要領（小学部，中学部）の第1章総則第2節（以下，「総則第
2節」）の3（高等部学習指導要領の第1章総則第2節第1款3は基本的に同じ）
の下線の箇所に留意する必要がある（下線は引用者）。
「2の（1）から（4）までに掲げる事項の実現を図り，豊かな創造性を備え持続可
能な社会の創り手となることが期待される児童又は生徒に，生きる力を育むことを
目指すに当たっては，学校教育全体並びに各教科，道徳科，外国語活動，総合的な
学習の時間，特別活動（ただし，第3節の3の（2）のイ及びカにおいて，特別活
動については学級活動（学校給食に係るものを除く。）に限る。）及び自立活動の指
導を通してどのような資質・能力の育成を目指すのかを明確にしながら，教育活動
の充実を図るものとする。その際，<u>児童又は生徒の障害の状態や特性及び心身の発</u>
<u>達の段階等を踏まえつつ</u>，次に掲げることが偏りなく実現できるようにするものと
する（略）」
　なお，児童又は生徒の障害の状態や特性及び心身の発達の段階等を踏まえる際に
は，総則第2節の1に示されている「人間として調和のとれた育成」を考慮する
ことが必要である。児童又は生徒の障害の状態や特性及び心身の発達の段階等につ
いては，解説総則編の第3編の第2章第2節1の（2）のイの（ア）を参照してい
ただきたい。また，特別支援学校において，どのような資質・能力の育成を目指す
のかを明確にする際に，特別支援学校に設けられた指導領域である自立活動の理解
は不可欠である。

Q40

知的障害のある児童生徒にとっての「資質・能力」は
どのように考えたらよいか？

A 基本的には，他の障害種や校種の児童生徒と同じであるが，学習上の特
性や生活との関連を踏まえる必要がある。

　中教審答申において示された知的障害者である児童生徒に対する教育を行う特別
支援学校の各教科等（以下，「知的障害教育の各教科等」）の改訂に向けた主な方針
について，解説各教科等編の第4章第1節の2には，次のとおり示されている。
「2　中央教育審議会答申における各教科等の改訂の方針
　　○小学校等の各学校段階のすべての教科等において育成を目指す資質・能力の三
　　　つの柱に基づき，各教科の目標や内容が整理されたことを踏まえ，知的障害者
　　　である児童生徒のための各教科の目標や内容について，小学校等の各教科の目
　　　標や内容との連続性・関連性を整理することが必要であること（以下略）」
　上記の方針を基に知的障害教育の各教科等が改訂され，その要点として解説各教
科等編の第4章第1節の3には，次のとおり示されている。
「3　各教科等の改訂の要点
　　○育成を目指す資質・能力の三つの柱に基づき，各教科等の目標や内容を構造的
　　　に示した。その際，小学校及び中学校の各教科等の目標や内容等との連続性や
　　　関連性を整理した（以下略）」
　以上から，知的障害のある児童生徒にとっての「資質・能力」は，他の障害種や
校種の児童生徒と基本的に同じと言えるが，解説各教科等編の第4章第3節の1
に示された次の点の理解が必要である。
「1　各教科等の目標の示し方
　　（略）このように，各教科の目標は，知的障害のある児童生徒の学習上の特性や
　　生活との関連の視点を踏まえて改訂している」
　なお，知的障害のある児童生徒の学習上の特性等については，解説各教科等編の
第4章第2節の1を参照していただきたい。

Q41

育成を目指す「資質・能力」と，各教科で示されている目標・内容との関係は，どのようになっているか？

A 今回の学習指導要領の改訂では，各教科等の目標・内容を，育成を目指す「資質・能力」の三つの柱で整理している。

　学習指導要領及び同解説では，各学校が教育課程の検討・改善や創意工夫にあふれた指導の充実を図ることができるように，「生きる力」とは何かを育成を目指す「資質・能力」として具体化し，教育目標や教育内容として明示して，教科等間のつながりが分かりやすくなるように解説されている。具体的には，育成を目指す「資質・能力」の三つの柱は，次のように示されている。

① 「何を理解しているか，何ができるか」に関わる知識及び技能。

② 「理解していることやできることをどう使うか」に関わる思考力，判断力，表現力等。

③ 「どのように社会や世界と関わり，よりよい人生を送るか」に関わる学びに向かう力，人間性等。

　この三つの柱に基づき，各学部の各段階において，全ての教科等の目標や内容が整理されている。このことにより，各学部間のより円滑な接続が可能になった。特に，中学部では，改訂前は1段階のみであった内容に新たに第2段階が設けられた。これにより，小学部と中学部，中学部と高等部間や段階間で系統性・発展性のある内容が設定されることになった。

　この三つの柱に基づく各教科等の目標・内容の整理は，小学校等の各教科等と同じ視点や手続きで行われた。このことは，両者の教育課程の連続性・関連性を実現させ，多様な学びの場における児童生徒の障害の状態や発達の段階に応じた組織的，継続的な支援が可能となり，個々に応じた指導を一層促すことになった。

　更に，小学校等と特別支援学校（知的障害）の各教科の連続性については，次のような趣旨で解説されている。特別支援学校（知的障害）での児童生徒の障害の状態等は多様であり，学習状況等が大きく異なる場合があることを踏まえ，既に当該学部の各教科等における段階の目標を達成しているなど，特に必要がある場合には，個別の指導計画に基づき，当該学部に相当する学校段階までの小学校等の学習指導要領の各教科等の目標・内容の一部を取り入れることができる。

教育内容等の主な改善事項

Q42

教科等横断的な視点に立った資質・能力とは，どのようなものか？

A 学習の基盤となる資質・能力と，現代的な諸課題に対応して求められる資質・能力である。

　教科等横断的な視点に立った資質・能力として，学習指導要領（小学部，中学部）の第1章総則第3節の2（高等部学習指導要領の第1章総則第2節第2款の2は基本的に同じ）には，次のとおり示されている（下線は引用者）。

「2　教科等横断的な視点に立った資質・能力の育成

　（1）　各学校においては，児童又は生徒の障害の状態や特性及び心身の発達の段階等を考慮し，言語能力，情報活用能力（情報モラルを含む。），問題発見・解決能力等の学習の基盤となる資質・能力を育成していくことができるよう，各教科等の特質を生かし，教科等横断的な視点から教育課程の編成を図るものとする。

　（2）　各学校においては，児童又は生徒や学校，地域の実態並びに児童又は生徒の障害の状態や特性及び心身の発達の段階等を考慮し，豊かな人生の実現や災害等を乗り越えて次代の社会を形成することに向けた現代的な諸課題に対応して求められる資質・能力を，教科等横断的な視点で育成していくことができるよう，各学校の特色を生かした教育課程の編成を図るものとする」

　なお，教科等横断的な視点に立った資質・能力の必要性を理解する上で，解説総則編の第3編の第2章第3節の2に示されている次の点が参考になる。

「2　教科等横断的な視点に立った資質・能力

　（略）変化の激しい社会の中で，主体的に学んで必要な情報を判断し，よりよい人生や社会の在り方を考え，多様な人々と協働しながら問題を発見し解決していくために必要な力を，児童生徒一人一人に育んでいくためには，あらゆる教科等に共通した学習の基盤となる資質・能力や，教科等の学習を通じて身に付けた力を統合的に活用して現代的な諸課題に対応していくための資質・能力を，教育課程全体を見渡して育んでいくことが重要となる」

Q43

各教科等を合わせた指導における「資質・能力」は，
どのように考えたらよいか？

A 各教科等を合わせた指導を行う際には，各教科等において育成を目指す
「資質・能力」を明らかにし，各教科等の指導内容間の関連を十分に図る。

　学校教育法施行規則第130条第2項「特別支援学校の小学部，中学部又は高等部においては，知的障害者である児童若しくは生徒又は複数の種類の障害を併せ有する児童若しくは生徒を教育する場合において特に必要があるときは，各教科，道徳，外国語活動，特別活動及び自立活動の全部又は一部について，合わせて授業を行うことができる」の規定に基づき，知的障害者である児童生徒に対する教育を行う特別支援学校では，指導の形態として各教科等を合わせた指導による教育実践が行われてきた。これは，各教科等の内容の十分な学びを確保するために，どのように学ぶかを検討した際に，特に必要があると各学校が判断した場合に，合わせた授業を行うことを選択するという手続きである。

　また，今回の学習指導要領（小学部，中学部）では，「個々の児童（生徒）の実態に即して，教科別の指導を行うほか，必要に応じて各教科，道徳科，外国語活動，特別活動及び自立活動を合わせて指導を行うなど，効果的な指導方法を工夫するものとする。その際，各教科等において育成を目指す資質・能力を明らかにし，各教科等の内容間の関連を十分に図るよう配慮するものとする」と規定されている。これは，指導内容と指導形態を区別し，育成を目指す資質・能力の視点に立って，教科・領域として何を学ぶのかを明確にした上で，どのように学ぶと効果的なのか，適切な指導形態を選択する手続きが求められていることを指摘している。

　さらに，同解説では，「各教科等を合わせて指導を行う際には，各教科等で育成を目指す資質・能力を明確にした上で，（略）カリキュラム・マネジメントの視点に基づいて計画（Plan）－実施（Do）－評価（Check）－改善（Action）していくことが必要である」とし，各学校の指導形態の適切な選択と創意工夫ある教育活動が継続的に展開されることが期待されている。

　そして，各教科等を合わせた指導を行う際にも，特別支援学校（知的障害）の各教科等が，小学校等と同じく育成を目指す資質・能力の三つの柱に基づき整理されているので，小学校等との学びの連続性が促進されることになる。

III

各教科等

Q44

各教科において，教科に係る見方・考え方をどのように捉えればよいか？　小学校，中学校と違うのか？

A 小学校，中学校と同様に，学びの「深まり」の鍵となるものとして，各教科等の特質に応じた「見方・考え方」が示された。

　新学習指導要領において「見方・考え方」は，「各教科等において身に付けた知識及び技能を活用したり，思考力，判断力，表現力等や学びに向かう力，人間性等を発揮させたりして，学習の対象となる物事を捉え思考することにより，各教科等の特質に応じた物事を捉える視点や考え方」と定義されている。

　平成 28 年 8 月の「特別支援教育部会の審議の取りまとめ」においても，「知的障害のある子供たちにとって，各教科の指導は，将来の生活に必要な豊かな『見方・考え方』を育む機会であり，子供たちの日常生活に直接つながる学習活動のみにとどまらず，子供たちの将来の自立や社会参加に向けて必要な資質・能力を育成する視点から指導計画を立てることが重要である」と示された。

　各教科等の特質に応じた「見方・考え方」は，「どのような視点で物事を捉え，どのような考え方で思考していくのか」という物事を捉える視点や考え方であり，各教科等を学ぶ本質的な意義の中核をなすものである。

　一つの物事について，各教科等の「見方・考え方」を一つあるいは複数利用して，捉えたり考えたりすることにより物事の本質に迫っていくことが必要である。

　「見方・考え方」を働かせた各教科等の学習活動が，子供たち一人一人の資質・能力の育成や生涯にわたる学びにつながる質の高い学びの実現につながっていくと考える。このことは小学校等の各教科の目標にも同様に示されている。

　知的障害のある子供たちにとっても，生活に生かすことができる学びとなるよう，子供の実態やニーズ等に応じて柔軟に対応し，教育課程全体を通じて，「見方・考え方」を育んでいくことが大切である。

　そこで今回の改訂の基本的な考え方である「主体的・対話的で深い学びの実現に向けた授業改善」を進める上で，「見方・考え方」を軸とした，幅広い授業改善の工夫が必要とされる。

Q45

各教科において，どのように目標・内容等が充実されたのか？

A 各段階において，育成を目指す資質・能力を明確にすることで，計画的な指導が行われるように，教科の目標に基づき，各段階の目標・内容が示された。

　今回の改訂では，育成を目指す資質・能力の三つの柱である①知識及び技能，②思考力，判断力，表現力等，③学びに向かう力，人間性等，に基づき，各教科等の目標や内容が構造的に示された。その際，小・中学校の各教科等の目標や内容等との連続性を整理し，各段階における育成を目指す資質・能力を明確にするため，段階ごとの目標が新設されている。

　知的障害のある児童生徒の実態が多様であることから，学びの連続性を確保するため，小学校等の各教科等との内容構成を概ね同じにしたり，各段階の目標の系統性や内容の連続性について関連性を分かりやすくしたりして，目標及び内容の系統性を整理している。

　内容として取り扱う範囲は，従前の学習指導要領及び同解説に概ね基づくものであるが，各段階間の一層の円滑な接続を図るため，内容のつながりを整理し，系統性のある内容を設定している。更に，小学部，中学部及び高等部の内容のつながりを充実させるために，中学部では新たに「1段階」及び「2段階」を設定した。

　社会の変化に対応した内容の充実を図るため，例えば，国語科における日常生活に必要な国語のきまり，算数科，数学科における生活や学習への活用，社会科における社会参加や生活を支える制度，職業・家庭科における働くことの意義，家庭生活における消費と環境等を充実させている。更に，コンピュータや情報通信ネットワーク等の児童生徒を取り巻く生活環境の変化や主権者として求められる資質・能力など，社会の変化に対応して充実が求められる内容及び小学校等の各教科の内容との連続性の観点から特に必要な内容については，新たに取り入れて充実を図っている。

　また，知的障害のある子供たちにとっても，日常生活の中で外国語に触れる機会が増えており，外国語に親しんだり，外国の言語や文化について理解や関心を深めたりするため，小学部において，児童や学校の実態を考慮し，必要に応じて外国語活動を設けることができるようになった。

Q46

各教科の内容についての変更点の考え方は
どうなっているのか？

A 従前の内容に基づいているが，今回はかなり具体的な内容が豊富に示さ
れ，特に必要な内容については，新たに取り入れて内容の充実を図って
いる。

　「学びの連続性」の観点から，新学習指導要領では，知的障害者である児童生徒
に対する教育を行う特別支援学校の各教科は，小・中学校の各教科と同様に育成を
目指す資質・能力の三つの柱である①知識及び技能，②思考力，判断力，表現力等，
③学びに向かう力，人間性等，に基づいて目標が整理されるとともに，各段階に目
標が設定され，段階ごとの内容と構成が充実した。また，指導上の手立てや工夫も
充実されたこともあり，解説各教科等編のページ数が大幅に増えている。そのため，
実質的にはかなり難易度が上がっている。

　例えば，小学部の生活科の内容は，従前の 12 項目について，小学部体育科との
内容，中学部社会科や理科及び職業・家庭科とのつながりを踏まえて整理している。
従前の「健康・安全」の「健康」に関する内容は小学部体育科に位置付けたため
「安全」となり，「金銭」及び「交際」は内容を具体的に分かりやすくするため「金
銭の扱い」及び「人との関わり」となっている。

　また，中学部社会科においては，生徒が社会との関わりを意識し，具体的な活動
や体験を通して，地域社会の一員として生きていくための資質・能力の育成を目指
すことを明確にしており，中学部 1 段階では小学部生活科とのつながり，中学部
2 段階は高等部社会科への連続性を考慮し設定されている。

　内容の示し方については，教科の特質により教科ごとに異なる点も見られるが，
基本的には「知識及び技能」と「思考力，判断力，表現力等」の柱で示している。
「学びに向かう力，人間性等」の柱については，示されている教科もあれば，教科
の特性から教科の目標及び各段階の目標において全体として示し，指導事項のまと
まりとして示すことをしていない教科もある。

Q47

知的障害教育の各教科は，各学部卒業までに当該学部に設定された段階を全て指導しなければいけないのか？

A 基本的には，全ての内容を指導しなければならないが，児童生徒の実態に応じた段階の設定をし，指導していくことになる。

　今回の改訂では，高等部卒業時までに育成を目指す資質・能力を明確にした上で，小学部，中学部段階における教科の目標について育成を目指す資質・能力の三つの柱（「知識及び技能」「思考力，判断力，表現力等」「学びに向かう力，人間性等」）で構造的に示している。

　これらを踏まえて，各教科の指導に当たっては，各教科の各段階に示す内容を基に，児童生徒の知的障害の状態や経験等に応じて，具体的に指導内容を設定するものとし，その際，小学部，中学部，高等部を見通して計画的に指導することが重要である。

　また，それぞれの学校が，その実態に即して創意工夫を生かした特色ある教育課程を編成・実施することが求められている。学校の教育目標の有効な達成を図るため，重点を置くべき指導内容を明確にし，内容相互の関連や系統性を配慮しながら，指導内容を網羅的に組織していくことが重要である。

　指導計画の作成と指導内容の取扱いについては，「児童生徒の実態，生活年齢，学習状況，経験等を踏まえ，指導内容を適切に設定すること」としており，今回の改訂において，従前「等」に含まれていた「生活年齢」と「学習状況」が表記され，知的障害の状態だけで実態を捉え，限定的な指導内容とならないようにすることや，同じような指導内容をいつまでも繰り返さないように留意することなど，生活年齢相応の学びの履歴を踏まえる必要性が示された。

　各教科別に指導する場合や各教科等を合わせて指導を行う場合など，指導内容によって，効果的な学習成果が期待できるような指導の形態を創意工夫し選択していくことが重要である。

　また，単元により効果的な指導の形態を選択していくカリキュラム・マネジメントの視点を基に，個別の指導計画に基づく指導をより一層充実させて，児童生徒一人一人の資質・能力を確実に伸長させていくことが求められる。

Q48

旧学習指導要領で示されていた内容で削除されたものを
今後指導する場合，段階や目標及び内容はどのように捉えれば
よいのか？

A 各教科の段階に示す内容を基に，児童生徒の知的障害の状態や経験等に
応じて，具体的に指導内容を設定するものとする。

　今回の改訂では，目標と同様に育成を目指す資質・能力の三つの柱に沿った整理
を踏まえ，各教科等の内容を構造的に示した。また，知的障害のある児童生徒の実
態が多様であることから，知的障害のある児童生徒の学びの連続性を確保するため，
小学校等の各教科等との内容構成を概ね同じにしたり，各段階の目標の系統性や内
容の連続性について小学校等の内容を参考に充実したり，関連を分かりやすくし目
標及び内容の系統性を整理した。内容として取り扱う範囲は，従前の特別支援学校
小・中学部学習指導要領及び同解説で示されている内容に概ね基づくものとしてい
る。その上で，コンピュータや情報通信ネットワーク等の児童生徒を取り巻く生活
環境の変化や主権者として求められる資質・能力など社会の変化に対応して充実が
必要な内容及び小学校等の各教科の内容との連続性の観点から特に必要な内容につ
いては，新たに取り入れて内容の充実を図っている。
　児童生徒の成長とともに，生活したり，学習したりする場やその範囲が広がって
いくことや，それらのことと関連して，児童生徒が注意を向けたり興味や関心をも
ったりする段階から，具体的な事物について知り，物の特性の理解や目的をもった
遊びや行動ができる段階，場面や順序などの様子に気付き教師や友達と一緒に行動
したりすることから，多様な人との関わりをもてるようにしていく段階などを念頭
に置き，より深い理解や学習へと発展し，学習や生活を質的に高めていくことので
きる段階の構成としている。
　このような点から旧学習指導要領で示されていた内容を指導することは可能であ
るが，新学習指導要領で整理され，見直された目標，内容を十分に理解した上で，
更に児童生徒の適切な実態を踏まえ，児童生徒の過重な負担とならないよう，計画
されるものである。

Q49

特別支援学校（知的障害）においても小学校，中学校の教科の内容を学習することができるのか？

A 特に必要がある場合には，相当する学校段階までの小学校等学習指導要領の各教科の目標及び内容を参考に指導できるよう規定された。

　知的障害者である児童生徒に対する教育を行う特別支援学校の各教科の各段階における目標及び内容は，児童生徒の知的障害の状態を想定し，卒業後の進路や生活に必要と考えられる資質・能力等を考慮して整理されている。しかし，知的障害者である児童生徒に対する教育を行う特別支援学校において，児童生徒の知的障害の状態等は多様であり，想定した知的障害の状態よりも障害の程度や学習状況等が大きく異なる場合がある。このような児童生徒の中には，例えば，小学部の児童で，各教科の目標及び内容のうち既に3段階に示す内容を習得し，目標を達成していることも想定される。このように知的障害者である児童に対する教育を行う特別支援学校の小学部に就学する児童のうち，小学部の3段階に示す各教科及び外国語活動の内容を既に習得し目標を達成している者について，特に必要な場合には，小学校学習指導要領の各教科及び外国語活動の目標及び内容の一部を取り入れることができることを示した。また，知的障害者である生徒に対する教育を行う特別支援学校の中学部の2段階に示す各教科の内容を習得し目標を達成している者については，中学校学習指導要領の各教科の目標及び内容並びに小学校学習指導要領の各教科及び外国語活動の目標及び内容の一部を取り入れることができることを示した。しかしながら，いずれの場合も，教科の名称まで替えることはできないことに留意する必要がある。

　各教科等について，各学校が指導計画を作成する際には，個々の児童生徒の知的障害の状態，生活年齢，学習状況や経験等を踏まえながら，各教科の目標の系統性や内容の関連及び各教科間の関連性を踏まえ，児童生徒の実態等に即した指導内容を選択・組織し，具体的な指導内容を設定する必要があり，また，児童又は生徒の負担過重とならないようにしなければならないということは言うまでもない。

各教科等

Q50

指導計画を作成する際に3観点をどのように生かせばよいのか？

A どのような資質・能力の育成を目指すのかを明確にし，児童生徒の障害の状態や特性及び心身の発達段階を踏まえつつ，3観点が偏りなく実現できるようにする。

　指導計画とは，学年ごとあるいは学級ごとなどの，教育目標，指導内容，指導の順序，指導方法，使用教材，指導の時間配当等を定めたより具体的な計画である。指導計画には，年間指導計画や2年間にわたる長期の指導計画から，学期ごと，月ごと，週ごと，単位時間ごと，あるいは単元，題材，主題ごとの指導案に至るまで各種のものがある。

　知的障害教育の各教科等の目標については，高等部卒業時までに育成を目指す資質・能力を明確化させるとともに，小・中学部段階における教科の目標を「育成を目指す資質・能力の三つの柱」で構造的に示した。この目標，内容を確認し，「知識及び技能」「思考力，判断力，表現力等」「学びに向かう力，人間性等」がバランスよく構成されるよう単元や題材など内容や時間のまとまりを見通しながら，児童生徒の「主体的・対話的で深い学び」の実現を意図した指導計画を作成していくことが重要である。

　更に，知的障害者である児童生徒のための各教科の目標や内容が段階ごとに示されたことや，小学校等の各教科の目標や内容との連続性・関連性が整理され，児童生徒一人一人に応じた指導が行いやすくなったことに十分配慮して，指導計画を作成することが求められる。

【例：小学部算数科「数と計算」1段階の目標】

知識及び技能	思考力，判断力，表現力等	学びに向かう力，人間性等
ア　ものの有無や3までの数的要素に気付き，身の回りのものの数に関心をもって関わることについての技能を身に付けるようにする。	イ　身の回りのものの有無や数的要素に注目し，数を直感的に捉えたり，数を用いて表現したりする力を養う。	ウ　数量に気付き，算数の学習に関心をもって取り組もうとする態度を養う。

Q51

「教科別の指導」で指導する場合の留意点は何か？

A 一人一人の児童生徒の興味や関心，生活年齢，学習状況や経験等を十分に考慮した内容を計画するとともに，関係教員間で目標や課題の共通理解を図ることが大切。

　教科別の指導の内容を計画するに当たっては，小学部では6年間，中学部では3年間，高等部では卒業時点を見通して，一人一人の児童生徒の興味や関心，生活年齢，学習状況や経験等を十分に考慮することが大切である。特に，今回の改訂では「生活年齢」の文言が追加されており，扱う教材については，それぞれの生活年齢に応じた適切なものを準備することが大切である。

　教科別の指導では，関連した内容を同じ時期に取り上げることで指導効果が期待できることから，個別の指導計画や年間指導計画，単元の計画等の作成に当たっては，他の教科，道徳科，外国語活動，総合的な学習（探究）の時間（小学部を除く），特別活動及び自立活動との関連，また，各教科等を合わせて指導を行う場合との関連を図ることが大切である。

　教科別の指導は，各教科等を合わせた指導に比べて，児童生徒にとって実生活との結び付きが弱くなったり興味・関心がもちにくくなったりすることが考えられるため，一人一人の児童生徒の生活に関連した具体的な指導内容を創意工夫する必要がある。例えば，時刻の学習をするときに，時計の読み方や時間の計算方法を知るだけでなく，段階的に，電車の時刻表を読んで，公共交通機関利用の計画を立てたり，スケジュール表をつくって主体的に行動したりするなど，学んだ知識及び技能が日常生活や将来の社会生活の中で生かせる力へつながるよう，留意することが大切である。

　実際の指導に当たっては，一斉授業や習熟度別の指導，一人の教師による指導やティーム・ティーチングなど，様々な形態が考えられるが，新たな単元に入る前には，授業を担当する教員間で，単元の目標や課題，一人一人の児童生徒の個別課題や手立て等について共通理解を図っておくことが大切である。担当教員が会してのミーティングや，目標・課題を記した「単元メモ」の供覧など，方法を工夫して必ず共通理解を図っておきたい。

Q52

外国語活動，外国語の内容を学習する場合，
どのような配慮が考えられるか？

A 小学部の外国語活動から高等部の外国語科までの目標や内容の系統性を押さえた上で，外国語によるコミュニケーションを発揮できる場面の設定を工夫する。

　今回の改訂では，小学部に外国語活動を新たに位置付け，小学部の外国語活動，中学部の外国語科及び高等部の外国語科で共通して育成を目指す資質・能力を明確にし，小学部の外国語活動から高等部の外国語科まで一貫した目標が設定された。

	小学部〔外国語活動〕	中学部〔外国語〕	高等部〔外国語〕
目標	外国語によるコミュニケーションにおける見方・考え方を働かせ，外国語や外国の文化に触れることを通して，コミュニケーションを図る素地となる資質・能力を育成することを目指す。	外国語によるコミュニケーションにおける見方・考え方を働かせ，外国語の音声や基本的な表現に触れる活動を通して，コミュニケーションを図る素地となる資質・能力を育成することを目指す。	外国語によるコミュニケーションにおける見方・考え方を働かせ，外国語による聞くこと，読むこと，話すこと，書くことの言語活動を通して，コミュニケーションを図る基礎となる資質・能力を育成することを目指す。

　指導内容や活動については，こうした系統性を押さえた上で，児童生徒の生活年齢や興味・関心，経験などに合ったものとし，他の教科等で学習したことを活用したり，学校行事で扱う内容と関連付けたりするなどの工夫が必要である。例えば，日常生活の指導で学習した様々な挨拶を外国語で行ったり，諸外国の方を招聘して国際理解教育に関する学校行事を計画したりするなどして，指導の効果を高めるようにすることが大切である。特に，修学旅行や校外学習で観光地を見学する機会がある場合，外国語でコミュニケーションを図る場面が多く訪れると思われる。こうした児童生徒が実際に諸外国の方と外国語によるコミュニケーションを発揮できる場面を，可能な限り設定できるよう指導計画を工夫していくことも必要である。

　日々の授業を実施するに当たっては，ALTやネイティブ・スピーカー，英語が堪能な地域人材などの協力を得る等，指導体制の充実を図るとともに，視聴覚教材や情報機器等を有効に活用し，適切な言語材料を十分に提供できるようにすることが大切である。

Q53

自立活動における今回の改訂の要点は何か？

A 発達障害を含む多様な障害に応じた指導を充実するため，自立活動の内容に「障害の特性の理解と生活環境の調整に関すること」を追加するなどの見直しが行われた。

　今回の改訂では，発達障害や重複障害を含む多様な障害の状態等に応じた指導を一層充実するため，「1　健康の保持」の区分に「障害の特性の理解と生活環境の調整に関すること」の項目が新たに設けられた。また，自己の理解を深め，主体的に学ぶ意欲を伸長する観点から，「4　環境の把握」の区分の「感覚や認知の特性への対応に関すること」が「感覚や認知の特性についての理解と対応に関すること」と改められた。

　また，個別の指導計画の作成について，一層の理解を促す観点から，実態把握から指導目標や具体的な指導内容の設定までの手続きの中に，「指導すべき課題」を明確にすることが規定された。これに加え，手続きの各過程を整理する際の配慮事項がそれぞれ示された。

　更に，具体的な指導内容を設定する際の配慮事項として，児童生徒自身が自立活動で学習することの意味を考え，学習したことを自ら進んで活用するよう「個々の児童又は生徒に対し，自己選択・自己決定する機会を設けることによって，思考・判断・表現する力を高めることができるような指導内容を取り上げること」「個々の児童又は生徒が，自立活動における学習の意味を将来の自立や社会参加に必要な資質・能力との関係において理解し，取り組めるような指導内容を取り上げること」の2点が新たに示された。

　以上のことが特別支援学校の学習指導要領等における主な改訂点であるが，今回の改訂では小学校及び中学校学習指導要領に「自立活動」の文言が初めて登場したことに留意する必要がある。特別支援学級において，特別の教育課程を編成する際には自立活動を取り入れること，また，通級による指導において，特別の教育課程を編成する際には自立活動の内容を参考にすることと示された。今後，特別支援学校が小学校や中学校に助言・援助をするに当たり，自立活動の指導についても多くを求められることになるだろう。

各教科等

Q54

各教科と自立活動の指導との関連は
どのように考えたらよいか？

A 自立活動の指導は，各教科の指導の基盤を整えるために行うものであり，各教科と自立活動の指導は密接な関連を図って行われなければならない。

　知的障害者である児童生徒に対する教育を行う特別支援学校で取り扱われる各教科は，児童生徒の発達の段階等に即して指導できるよう，小学部は3段階，中学部と高等部は2段階の内容が学習指導要領に示されている。それらを順に教育することにより，人間として調和的な発達，すなわち知・徳・体のバランスの取れた「全人的な発達」が期待されている。

　しかし，知的障害のある児童生徒の場合は，その障害によって，学習場面や実生活場面において様々な困難が生じることから，発達段階等に即して各教科等を指導するだけでは調和的な発達を実現することが難しい。解説自立活動編によると，知的障害のある児童生徒の場合の学習上又は生活上の困難とは，「全般的な知的発達の程度や適応行動の状態に比較して，言語，運動，動作，情緒，行動等の特定の分野に，顕著な発達の遅れや特に配慮を必要とする様々な状態」であると説明されている。

　例えば，言語面では，言語理解が特に遅れていたり，言語の表出に支援機器を用いるなど特別な配慮を必要としたりする場合が考えられる。言語理解が不十分なままでは，国語などの教科指導はもとより各教科等を合わせた指導である生活単元学習等の指導効果も上がらないだろう。言語表出に支援機器の使用が考えられる場合には，その使い方を習得させる指導が必要となるだろう。こうした障害による困難の改善を目指した指導を行うことにより，各教科の指導の基盤が整っていくのである。

　自立活動の指導は，調和的な発達を目指して行う各教科の指導や各教科等を合わせた指導の基盤となるものであり，自立活動と各教科の指導は密接な関連を図って行われなければならない。各教科や各教科等を合わせた指導の効果が上がらない場合，自立活動の指導が十分であるか点検することが求められる。

Q55

自立活動の指導計画を作成する手順はどうすればよいか？

A 個々の児童生徒の実態把握に基づいて「指導すべき課題」を明確にし，指導目標や具体的指導内容を定めた個別の指導計画を作成する。

　今回の改訂では，実態把握から指導目標や具体的な指導内容の設定までの手続きの中に，「指導すべき課題」を明確にすることが加えられた。その理由は，個別の指導計画の作成についてより一層理解を促すためであると説明されている。

　各教科の場合には，学習指導要領に目標と内容が定められており，特に示す場合を除き，全ての児童生徒に履修させることになっている。指導に当たっては，個々の児童生徒の「知的障害の状態や経験等に応じて，具体的に指導内容を設定する」ことが示されている。つまり，指導すべき目標・内容は決まっており，児童生徒の状態に応じて，どの段階から指導するのかを，指導者が決めることになる。

　一方，自立活動の場合は，個々の児童生徒の障害による学習上又は生活上の困難を改善・克服することを指導の対象とするため，何を対象とするかは個々の児童生徒によって異なることになる。そこで，「指導すべき課題」を明確にする必要が生じるのである。

　個別の指導計画の作成の手順や様式に一定の決まりはないが，解説自立活動編に掲載されている手順を以下に示す。

① 個々の児童生徒の実態（障害の状態，発達や経験の程度，生育歴等）を的確に把握する。
② 実態把握に基づいて指導すべき課題を抽出し，課題相互の関連を整理する。
③ 個々の実態に即した指導目標を明確に設定する。
④ 小学部・中学部学習指導要領第7章第2の内容の中から，個々の指導目標を達成するために必要な項目を選定する。
⑤ 選定した項目を相互に関連付けて具体的な指導内容を設定する。

　上記①～⑤の手順の具体例について，解説自立活動編に「流れ図」と共に具体例が掲載されている。参考にするとよいだろう。

Q56

全ての区分，項目を網羅して指導する必要があるのか？

A 自立活動の内容として示された区分，項目は，個々の児童生徒の実態に応じて必要な項目を選定するものであり，全てを網羅して指導する必要はない。

　自立活動の「内容」は，「健康の保持」「心理的な安定」「人間関係の形成」「環境の把握」「身体の動き」及び「コミュニケーション」の六つの区分の下に，それぞれ3〜5項目が示されている。これらの内容は，人間としての基本的な行動を遂行するために必要な要素と，障害による学習上又は生活上の困難を改善・克服するために必要な要素を挙げ，分類・整理したものである。

　小学校学習指導要領及び中学校学習指導要領等に示されている各教科等の「内容」は，全ての児童生徒に対して確実に指導しなければならない内容である。これに対して，特別支援学校の学習指導要領等で示す自立活動の「内容」は，各教科等のように，その全てを取り扱うものではなく，個々の児童生徒の実態に応じて必要な項目を選定して取り扱うものである。つまり，自立活動の内容は，個々の児童生徒に，その全てを指導すべきものとして示されているものではないことに十分留意する必要がある。

　また，自立活動の「内容」は区分，項目ごとに指導するものでもない。個々の児童生徒に対する自立活動の指導目標に対して，必要な項目を選定し，それらを関連付けて具体的な指導内容を設定するものである。

　例えば，偏食の改善といった健康に関わる課題であっても，その解決のためには，食欲に関わる心理面や誰と一緒に食べるかといった人間関係を考慮することが必要な場合もあることだろう。そのような場合には，「健康の保持」「心理的な安定」「人間関係の形成」などから，必要な項目を選んで関連付け，具体的な指導内容を設定することになる。児童生徒にとって，学びやすく効果の上がる指導内容を設定することが大切なのである。

Q57

自立活動の指導の時間はどのように設定するのか？

A 個々の児童生徒の障害の状態等に応じて「自立活動の時間」を適切に定めるほか，各教科等の指導と密接な関連を図り学校の教育活動全体を通じて指導する。

　自立活動の指導は，学習指導要領（小学部，中学部）の総則に「自立活動の時間はもとより，学校の教育活動全体を通じて適切に行うものとする」（高等部も同様の規定。以下，この項において同じ）と規定されている。自立活動の時間は，自立活動のために特設された時間である。その時間を含めて学校の教育活動全体で行うことが示されており，各教科等の指導と十分な関連を図る必要がある。

　また，自立活動の時間については，学習指導要領（小学部，中学部）の授業時間の規定に「小学部又は中学部の各学年の自立活動の時間に充てる授業時数は，児童又は生徒の障害の状態や特性及び心身の発達の段階等に応じて，適切に定める」と示されている。

　以上のことを踏まえると，自立活動の指導の場として次の三つが考えられる。

　まず，特設された「自立活動の時間」がある。前述した「適切に定める」ということは，児童生徒の障害の状態や発達の段階等を踏まえ，自立活動の目標が達成できるように必要な時間を確保することを意味している。個々の児童生徒が自立活動の時間を必要とするなら確保しなければならない。

　二つめは，各教科等と関連を図って行う自立活動の指導である。自立活動は，学習又は生活上の困難を対象とする指導であり，その指導は各教科等と関連を図って行われなければならない。知的障害のある児童生徒を教育する場合には，各教科等を合わせて指導することが認められており，各教科等に自立活動も合わせて指導することが可能である。この場合，自立活動の指導すべき課題，指導目標，具体的な指導内容等が明確にされていることが大切である。

　三つめは，上記二つ以外の学校の教育活動である。障害から生ずる困難さが現れる場面は，休み時間にも給食の時間にもある。そうした場面での改善まで見通して指導を計画する必要がある。

Q58

自立活動のねらいや手立てを立案する場合の留意点は何か？

A 長期的及び短期的な観点から指導目標を設定し，児童生徒が主体的に取り組むことができるなどの観点から具体的な指導内容を設定する。

　特別支援学校の学習指導要領等には，指導目標・内容を設定する際の留意点として，「児童又は生徒の実態把握に基づいて得られた指導すべき課題相互の関連を検討すること。その際，これまでの学習状況や将来の可能性を見通しながら，長期的及び短期的な観点から指導目標を設定し，それらを達成するために必要な指導内容を段階的に取り上げること」と示されている。こうした手順については，解説自立活動編に「流れ図」と共に具体例が掲載されているので，参考にするとよいだろう。

　また，具体的な指導内容の設定に当たって留意すべき点として，特別支援学校小学部・中学部学習指導要領（高等部も同様の規定）には次の6点が示されている。

① 児童又は生徒が，興味をもって主体的に取り組み，成就感を味わうとともに自己を肯定的に捉えることができるような指導内容を取り上げること。

② 児童又は生徒が，障害による学習上又は生活上の困難を改善・克服しようとする意欲を高めることができるような指導内容を重点的に取り上げること。

③ 個々の児童又は生徒が，発達の遅れている側面を補うために，発達の進んでいる側面を更に伸ばすような指導内容を取り上げること。

④ 個々の児童又は生徒が，活動しやすいように自ら環境を整えたり，必要に応じて周囲の人に支援を求めたりすることができるような指導内容を計画的に取り上げること。

⑤ 個々の児童又は生徒に対し，自己選択・自己決定する機会を設けることによって，思考・判断・表現する力を高めることができるような指導内容を取り上げること。

⑥ 個々の児童又は生徒が，自立活動における学習の意味を将来の自立や社会参加に必要な資質・能力との関係において理解し，取り組めるような指導内容を取り上げること。

Q59

各教科等を合わせた指導と自立活動の指導の関連はどのように考えたらよいか？

A 各教科，道徳科等の指導をはじめ各教科等を合わせた指導と密接な関連を図り，計画的，組織的に指導が行われるようにする。

　自立活動の指導は，自立活動の時間はもとより，学校の教育活動全体を通じて適切に行われなければならない。各教科，道徳科等の指導をはじめ各教科等を合わせた指導と密接な関連を図り，計画的，組織的に指導が行われるようにすることが大切である。

　自立活動の個別の指導計画の作成に当たっては，個々の児童生徒に設定した指導目標や具体的な指導内容が，どのような指導の場で取り扱われるのか明確にすることが求められる。自立活動の時間で取り扱われるのか，各教科の指導や各教科等を合わせた指導で取り扱われるのか，あるいは，それらを含む学校の様々な場面で取り扱われるのか，具体的に検討することが必要である。

　特別支援学校（知的障害）では，知的障害の児童生徒の特性から，実際の生活に即した指導が有効とされ，生活単元学習や日常生活の指導等の各教科等を合わせた指導を充実させてきた。例えば，生活単元学習は，教科生活を中心としつつ，国語や算数等の各教科，道徳科や特別活動も合わせて行う指導の形態である。必要があれば自立活動を合わせることも認められている。特別支援学校（知的障害）では，各教科等を合わせた指導の中で，自立活動の指導も合わせて取り扱われることが多い。

　また，各教科の指導と自立活動の指導を関連させて扱うこともよく行われている。国語の時間に，数人のグループで絵本を題材にした授業を行う中で，ある児童については，自立活動の指導内容であるコミュニケーションに関することを関連付けて取り上げることなどがしばしば見られる。

　自立活動は，各教科の指導と関連付けたり，各教科等を合わせた指導で取り扱われたりするが，その際大切なことは，個々の児童生徒の自立活動における指導目標，具体的な指導内容が明確にされていることである。この点が不明確なままであると，各教科の指導や各教科等を合わせた指導と関連を図っているとは言えないだろう。

Q60

自立活動を個別の教育支援計画や個別の指導計画にどのように反映させていけばよいか？

A 自立活動の指導の成果が進学先等でも生かされるように，個別の教育支援計画等を活用して関係機関等との連携を図ることが大切である。

　個別の教育支援計画は，家庭及び地域や医療，福祉，保健，労働等の業務を行う関係機関が緊密な連携を図り，長期的な視点で児童生徒への教育的支援を行うため作成されるものである。障害のある児童生徒の場合，就学先や進学先において，対人関係や環境の変化などから，新たな学習上又は生活上の困難が生じたり，困難さの状況が変化したりすることがしばしば見られる。そのため，個別の教育支援計画等により，本人，保護者を含め，専門の医師及びその他の専門家等との連携協力を図り，当該児童生徒についての教育的ニーズや長期的展望に立った指導や支援の方針や方向性等を整理し，学校が自立活動の指導計画の作成に活用していくことが重要となる。一方，卒業後，進学先や就労先等において，例えば，生徒の感覚や認知の特性への対応など，自立活動の指導の成果が進路先での支援に生かされるようにするためにも，個別の教育支援計画等を十分活用して情報を引き継ぐことが重要となる。

　各学校には，関係機関との連携を図るための個別の教育支援計画と，教育課程に基づく教育計画である個別の指導計画との関係を整理することが求められる。自立活動の指導目標として，卒業後に必要とされる力をそのまま当てはめている例は，両者の関係が適切に整理できていない顕著な例と言えるだろう。

　例えば，個別の教育支援計画で，卒業後の仕事で求められる「一定時間，集中して仕事をする」を受け，自立活動の指導目標として「一定時間，集中して課題に取り組む」としているような事例が見られる。この場合，集中力が続かないことの原因を分析して，自立活動の指導すべき課題とすることが適切か見極めることが求められる。

　なお，進路先との連携に当たって，個人情報保護に十分留意しながら，連携の意図や引き継ぐ内容等について保護者の理解を得ることが大切である。

Q61

自立活動はどのように評価すればよいか？

A 児童生徒の学習状況や結果を適切に評価し，個別の指導計画や具体的な指導の改善に生かすことが大切である。

　評価は，学習の評価と指導の評価に分けられる。学習の評価については，児童生徒の学習状況や結果を適切に評価し，個別の指導計画の改善につなげていくことが大切である。

　学習評価について，知的障害者である児童生徒に対する教育を行う特別支援学校の現場から，「評価が曖昧になりがち」との声を聞くことがある。平成22年3月に公表された「児童生徒の学習評価の在り方について（報告）」では，知的障害のある児童生徒に対する指導や自立活動の指導では，「設定した指導目標が高すぎたり，指導内容が具体性を欠いたりするなどにより，結果として，効果的な指導につながらないことも考えられる。このため，設定する指導目標や指導内容については，その妥当性の向上に十分配慮する必要がある」と指摘されている。

　自立活動の学習の評価が，個別に設定された目標の実現状況を見るものである以上，まず目標の妥当性を吟味しなければならない。個別の指導目標が児童生徒の実態に照らして適切な水準にあること，また，観察可能な具体性を有しているかどうかがポイントになる。妥当性が吟味された目標の実現状況を，指導で見られた事実を通して評価することが大切である。

　指導と評価は一体であると言われるように，評価は児童生徒の学習の評価であるとともに，教師の指導に対する評価でもある。教師には，評価を通して指導の改善が求められる。したがって，教師自身が自分の指導の事実を見つめ，児童生徒に対する適切な指導内容・方法の改善に結び付けることが大切である。

　評価は，児童生徒にとっても，自らの学習状況や結果に気付き，自分を見つめ直すきっかけとなり，その後の学習への意欲や発達を促す意義がある。したがって，自立活動の時間においても，学習前，学習中あるいは学習後に，児童生徒の実態に応じて，自己評価を取り入れることが求められる。

Q62

自立活動に外部人材をどのように活用していくとよいか？

A 必要に応じて，専門の医師及びその他の専門家の指導・助言を求めるなどして，適切な指導ができるようにする。

　自立活動の指導においては，障害による学習上又は生活上の困難等に関する専門的な知識が必要になる。専門的な知識が求められることから，学校によっては外部人材に過度に依存する傾向も見られ，この点は，改められなければならない。

　自立活動は，個々の児童生徒が，障害による学習上又は生活上の困難を主体的に改善・克服するための知識・技能・態度及び習慣を身に付ける学習活動である点を忘れてはならない。専門的な助言を外部人材から受けるとしても，それを学習活動として仕組むのは教師の責任によって行われるべきである。

　学校においては，専門的な知識や技能を有する教師を中心として全教師による指導体制を構築することが求められる。専門的な知識や技能を有する教師とは，様々な現職研修や自己研修等によって専門性を高め，校内で自立活動の指導的役割を果たしている教師であり，学校として確保，養成していく必要がある。

　一方，自立活動の指導を効果的に進めるためには，専門の医師をはじめ，理学療法士，作業療法士，言語聴覚士，心理学や教育学の専門家等，外部の各分野の専門家と連携協力をして，指導・助言を求めたり，連絡を密にしたりする必要がある。児童生徒の障害の状態や発達の段階等は多様であり，その実態の的確な把握に基づいた指導が求められ，ときには，教師以外の外部の専門家の指導・助言を得ることが有効な場合がある。その際，留意すべきことは，前述したように，自立活動の指導は教師が責任をもって計画し実施するものとの認識に立ち，教師が責任をもって外部の専門家と連携する仕組みである。

　また，自立活動の指導に当たる教師には，専門家からの指導・助言の必要性を判断する役割があるため，自立活動に関する一定の知識や新しい情報等を幅広く知っておくことが求められる。各学校及び教育委員会等において，必要な知識や情報等を整理し，研修体制を整備することが大切である。

(3) 特別の教科　道徳

Q63

特別支援学校（知的障害）において，道徳の内容をどのように指導すればよいか？

A 児童生徒の知的障害の状態，生活年齢，学習状況及び経験等に応じて，適切に指導の重点を定め，指導内容を具体化し，体験的な活動を取り入れるなどの工夫をする。

　学習指導要領（小学部，中学部）では，第3章特別の教科　道徳の3に「内容の指導に当たっては，個々の児童又は生徒の知的障害の状態，生活年齢，学習状況及び経験等に応じて，適切に指導の重点を定め，指導内容を具体化し，体験的な活動を取り入れるなどの工夫を行うこと」と示されている。

　高等部においては，知的障害者に対する教育課程にのみ特別の教科道徳を編成するものと定められており，学習指導要領（高等部）においては，第3章特別の教科道徳（知的障害者である生徒に対する教育を行う特別支援学校）として，第1款に「青年期の特性を考慮して，健全な社会生活を営む上に必要な道徳性を一層高めることに努めるものとする」としている。内容の指導に当たっては，第2款の3に小学部・中学部と同様に内容の取扱いが示されている。

　解説各教科等編では，「道徳科の内容を指導する場合においても，他の各教科等の内容の指導と同様に，個々の児童生徒の知的障害の状態，生活年齢，学習状況や経験等を考慮することが重要である」とあり，このことを踏まえて，「指導の重点を明確にし，具体的なねらいや指導内容を設定することが重要である」と示されてる。更に，「その際，児童生徒の学習上の特性から，児童生徒の理解に基づく，生活に結び付いた内容を具体的な活動を通して指導することが効果的であることから，実際的な体験を重視することが必要である」と解説されている。よって児童生徒の実際の生活の中から指導目標・指導内容を設定し，具体的に活動しながら，体験的に学習できるような内容を取り上げることが大切である。

　また，特別支援学校小・中学部及び知的障害者を対象とする高等部を通じて，「2各教科，外国語活動〔※小・中学部のみ〕，総合的な学習の時間〔高等部は，総合的な探究の時間〕，特別活動及び自立活動との関連を密にしながら，経験の拡充を図り，豊かな道徳的心情を育て，将来の生活を見据え〔※高等部のみ〕，広い視野に立って道徳的判断や行動ができるように指導する必要があること〔※高等部は『指導するものとする』〕」と示されていることにも留意したい。

75

Q64

道徳の年間指導計画の作成を，
具体的にどのようにしていけばよいか？

A 道徳教育の全体計画を基に，学校・学級の人間関係や環境を整え，各教科等や年間の宿泊学習，地域行事等と関連させるなど豊かな体験を充実できるよう配列する。

　学習指導要領（小学部，中学部）では，第1章総則第7節道徳教育に関する配慮事項の中に，「道徳教育の目標を踏まえ，道徳教育の全体計画を作成し，校長の方針の下に，道徳教育の推進を主に担当する教師を中心に，全教師が協力して道徳教育を展開すること」とされ，「児童又は生徒や学校，地域の実態を考慮して，学校の道徳教育の重点目標を設定するとともに，道徳科の指導方針，第3章特別の教科　道徳に示す内容との関連を踏まえた各教科，外国語活動，総合的な学習の時間，特別活動及び自立活動における指導の内容及び時期並びに家庭や地域社会との連携の方法を示すこと」と示されている。なお，解説総則編では，第2章第7節(2)道徳教育の全体計画ウの中に，「道徳科の年間指導計画の作成に当たっても，全体計画に示した重点的な指導が反映されるよう配慮する」「学校教育全体において，豊かな体験活動がなされるよう計画するとともに，体験活動を生かした道徳科が効果的に展開されるよう道徳科の年間指導計画等においても創意工夫することが大切である」としている。

　また，小学部においては，2学年ごとに留意事項が示されているので押さえておく必要がある。学校や学級内の人間関係や環境を整えるためには，年度当初の学年や学級の仲間づくりなどを大切にしたい。挨拶や基本的な生活習慣を身に付けることは年間を通じて日常的に指導していきたい。更に，集団宿泊活動やボランティア活動，自然体験活動，地域の行事への参加などの豊かな体験を充実することから，年間行事をバランスよく配列し，例えば，宿泊行事で自分の身の回りのことをできるだけ自分でできるようにすることや，グループ活動で友達と協力すること，自然体験をする中で自然と触れ合い大切にすること，地域行事で地域の方々と交流し，地域で生活する基盤をつくることなどを目標にし，内容を関連させたい。

　中学部では，小学部における道徳教育の指導内容を更に発展させ，職場体験活動に関連させたり，高等部は，中学部や中学校までの道徳科の学習等で深めた道徳的諸価値の理解を基にしながら，様々な体験に関連させたりする内容を配列したい。

Q65

「特別の教科　道徳」の評価はどのようにすればよいか？

A 学習状況や道徳性に係る成長の様子を継続的に把握し，児童生徒が自らの成長を実感し，更に意欲的に取り組もうとするきっかけとなる評価に努める必要がある。

　平成28年7月29日付28文科初第604号通知「学習指導要領の一部改正に伴う小学校，中学校及び特別支援学校小学部・中学部における児童生徒の学習評価及び指導要録の改善等について」により，道徳科の学習評価に関する基本的な考え方については，以下のとおり示されている。

　道徳科の評価を行うに当たっては，小・中学校学習指導要領第3章の児童生徒の「学習状況や道徳性に係る成長の様子を継続的に把握し，指導に生かすよう努める必要がある。ただし，数値などによる評価は行わないものとする」との規定の趣旨や，中央教育審議会「道徳に係る教育課程の改善等について（答申）」（平成26年10月）の「道徳性の評価の基盤には，教員と児童生徒との人格的な触れ合いによる共感的な理解が存在することが重要」であり，道徳性の評価は「児童生徒が自らの成長を実感し，更に意欲的に取り組もうとするきっかけとなるような評価を目指すべき」との評価に当たっての考え方等を十分に踏まえる必要がある。

　具体的には以下の点に留意し，個人内評価として丁寧に見取り，記述で表現する。
　「児童生徒の人格そのものに働きかけ，道徳性を養うことを目的とする道徳科の評価としては，育むべき資質・能力を観点別に分節し，学習状況を分析的に捉えることは妥当ではないこと」「そのため，道徳科については，『道徳的諸価値についての理解を基に，自己を見つめ，物事を（広い視野から）多面的・多角的に考え，自己（人間として）の生き方についての考えを深める』という学習活動における児童生徒の具体的な取組状況を，一定のまとまりの中で，児童生徒が学習の見通しをもって振り返る場面を適切に設定しつつ見取ることが求められること」「他の児童生徒との比較による評価ではなく，児童生徒がいかに成長したかを積極的に受け止めて認め，励ます個人内評価として記述式で行うこと」「個々の内容項目ごとではなく，大くくりなまとまりを踏まえた評価とすること」「特に，学習活動において児童生徒がより多面的・多角的な見方へと発展しているか，道徳的価値の理解を自分自身との関わりの中で深めているかといった点を重視することが求められること」。

Q66

「特別の教科　道徳」の時間を設定して指導を行う必要があるか？

A 小学校，中学校に準じて基本的には35単位時間行うが，知的障害の状態に応じて，一部又は全部を合わせて行う場合には，適切に授業時数を定めることができる。

　学習指導要領（小学部，中学部）では，「学校における道徳教育は，特別の教科である道徳（以下『道徳科』という。）を要として学校の教育活動全体を通じて行うものであり，道徳科はもとより，各教科，外国語活動，総合的な学習の時間，特別活動及び自立活動のそれぞれの特質に応じて，児童又は生徒の発達の段階を考慮して，適切な指導を行うこと」としている。道徳教育の内容は，小学校，中学校の学習指導要領に示す内容に準ずるものとしている。よって総授業時数は年間35単位時間（小学校第1学年は34単位時間）を行うものであるが，学校教育法施行規則130条第2項の規定に基づき，「知的障害者である児童又は生徒に対する教育を行う特別支援学校において，各教科，道徳科，外国語活動，特別活動及び自立活動の一部又は全部を合わせて指導を行う場合，各教科，道徳科，外国語活動，特別活動及び自立活動に示す内容を基に，児童又は生徒の知的障害の状態や経験等に応じて，具体的に指導内容を設定するものとする。また，各教科等の内容の一部又は全部を合わせて指導を行う場合には，授業時数を適切に定めること」としている。

　これらのことから，年間35週以上にわたって道徳科の時間を設定し，35単位時間行うことを基本としながら，知的障害の状態に応じて特に必要とする場合は，各教科等の内容の一部又は全部を合わせて指導を行うことも可能であり，35時間中の一部あるいは全部を各教科等を合わせた指導の中で行うこともできる。例えば，10単位時間分は1か月に1時間ずつ道徳科として時間を設定し，残る25単位時間分は，各教科等を合わせた指導の中で，道徳科の内容を押さえて指導することが可能である。各教科等を合わせた指導の中で行う場合の指導内容としては，例えば生活単元学習の中で小学校のA3［節度，節制］〔第3学年及び第4学年〕の「自分でできることは自分でやり，安全に気を付け，よく考えて行動し，節度のある生活をすること」，作業学習の中で同C14［勤労，公共の精神］〔第5学年及び第6学年〕の「働くことや社会に奉仕することの充実感を味わうとともに，その意義を理解し，公共のために役に立つことをすること」を指導することなどが考えられる。

Q67

「特別の教科　道徳」と自立活動の内容とが重複することが考えられるが，違いは何か？

A 道徳科は将来の生き方を考え主体的に社会の形成に参画する意欲と態度を養い，自立活動は個々の児童生徒が自立を目指し心身の調和的発達の基盤を培うものである。

　学習指導要領（小学部，中学部）では，特別の教科　道徳の目標，内容等は，それぞれ小学校及び中学校学習指導要領第3章に示すものに準ずるとしている。

　小学校学習指導要領第3章特別の教科　道徳では，目標として「よりよく生きるための基盤となる道徳性を養うため，道徳的諸価値についての理解を基に，自己を見つめ，物事を多面的・多角的に考え，自己の生き方についての考えを深める学習を通して，道徳的な判断力，心情，実践意欲と態度を育てる」こととしている。内容は，「A　主として自分自身に関すること」「B　主として人との関わりに関すること」「C　主として集団や社会との関わりに関すること」「D　主として生命や自然，崇高なものとの関わりに関すること」と4項目に分けられている。

　道徳科は，「よりよく生きるため」や「自己の生き方についての考えを深める」ことを目指して内容を定めている。これに対して，自立活動は「障害による学習上又は生活上の困難を改善・克服」するために必要な知識，技能，態度及び習慣を養い，心身の調和的発達の基盤を培うものである，という違いがある。個々の児童生徒の障害に児童生徒自身が向き合い，より学習しやすく，より生活しやすく改善・克服していくというものである。特別支援学校の道徳科の目標では，児童生徒の「障害による学習上又は生活上の困難を改善・克服して，強く生きようとする意欲を高め，明るい生活態度を養うとともに，健全な人生観の育成を図る必要がある」という点が特に自立活動の目標及び内容に重なるところである。

　具体的なねらいや指導内容を設定するときには，例えば，道徳科で人との関わりに関して「友達と仲よくし助け合うこと」を目標に授業を設定すると，自立活動の「3　人間関係の形成」の「(1)　他者とのかかわりの基礎に関すること」と重なる内容となる。自立活動は各教科等と密接な関連を保つことが大切である。自立活動では，友達を意識し働きかけたり受け止めたりという方法を学び，それを踏まえて道徳科では仲よく話合いやゲーム等の活動を通して助け合うということはどういうことかなど，相互に関連させながら学習内容を設定することを大切にしたい。

Q68

「特別の教科　道徳」と各教科や総合的な学習の時間などは，
具体的にどのように関連させればよいか？

A 道徳科の各学年段階の内容等と各教科等の内容を照らし合わせ，内容に
関連があるものを同じ時期に設定したり，各教科等を合わせた指導の中
に取り入れたりする。

　解説総則編第 2 章第 2 節 2 (2) 豊かな心②では「道徳科の指導において，各教
科等で行われる道徳教育を補ったり，それを深めたり，相互の関連を考えて発展さ
せ，統合させたりすることで，学校における道徳教育は一層充実する」として，道
徳科と各教科等を関連させることの重要性を示している。
　具体的には，解説総則編第 2 章第 7 節 1 (4) 各教科等における道徳教育を参照
してほしい。一例として，特別支援学校学習指導要領第 1 章総則第 7 節道徳教育
に関する配慮事項 2 に示す各学年段階における留意事項と各教科の内容との関連を
見てみる。
・第 1・2 学年「挨拶などの基本的な生活習慣を身に付けること」は，生活科の基
　本的生活習慣や人との関わり，「国語科」の聞くこと・話すことの内容により，
　身近な人との会話などと関連させて，挨拶や毎日の着替え，持ち物の整理整頓な
　ど基本的生活習慣を身に付けられるようにする。
・第 3・4 学年「身近な人々と協力し助け合うこと」は，生活科の人との関わりと
　の関連だけでなく，例えば図画工作科の鑑賞の「互いのよさや個性などを認め尊
　重し合うようにすること」などで，制作したときの気持ちなどを理解したり，作
　品のよさを認め合ったりすることと関連させることができる。
・第 5・6 学年「伝統と文化を尊重し，それらを育んできた我が国と郷土を愛する
　とともに，他国を尊重すること」については，国語科で我が国の言語文化に触れ
　親しむ，特に中学部では短歌，俳句などの日本の言語文化に触れる，音楽科では，
　日本の季節や風土を表した曲の歌唱や鑑賞において伝統や文化と関連させたり，
　社会科で地域や我が国の歴史や伝統と文化及び外国の様子（国際交流）について，
　外国語活動，外国語科で外国の言語やその背景にある文化に関心をもつこと，総
　合的な学習の時間では，伝統と文化など地域や学校の特色に応じた課題などを踏
　まえて設定することなどと関連させたりすることができる。

Q69

総合的な学習の時間において，今回の改訂の要点は何か？

A 探究的な学習の過程を一層重視し，各教科等を越えた学習の基盤となる資質・能力を育成する。高等部は名称を「総合的な探究の時間」に変更。

　学習指導要領では，特別支援学校における総合的な学習の時間の目標，各学校において定める目標及び内容並びに指導計画の作成と内容の取扱いについては，小学校・中学校・高等学校に準ずることとしている。

　小学校・中学校・高等学校における改訂の基本的な考え方としては，探究的な学習の過程を一層重視し，各教科等で育成する資質・能力を相互に関連付け，実社会・実生活において活用できるものとするとともに，各教科等を越えた学習の基盤となる資質・能力を育成することが示された。また，高等学校においては，名称を「総合的な探究の時間」に変更し，小・中学校における総合的な学習の時間の取組を基盤とした上で，探究する力を育成するように示された。

　目標においては，「探究的な見方・考え方」を働かせ，総合的・横断的な学習を行うとことを通して，よりよく課題を解決し，自己の生き方を考えていくための資質・能力を育成することを目指すものであることが明確化された。また，教科等横断的なカリキュラム・マネジメントの軸となるよう，各学校が総合的な時間の目標を設定するに当たっては，各学校における教育目標を踏まえて設定することが示された。

　学習内容，学習指導については，教科等を越えた全ての学習の基盤となる資質・能力を育成するため，課題を探究する中で，
・他者と協働して課題を解決しようとする学習活動
・言語により分析し，まとめたり表現したりする学習活動
・コンピュータ等を活用して，情報を収集・整理・発信する学習活動
・自然体験や職場体験活動，ボランティア活動などの社会体験
・ものづくり，生産活動などの体験活動
・地域の教材や学習環境を積極的に取り入れた学習活動
・観察・実験，見学・調査，発表や討論などの学習活動
等を行うよう示された。

Q70

特別支援学校（知的障害）における，総合的な学習（探究）の
時間の配慮点は何か？

A 個々の生徒の知的障害の状態，生活年齢，学習状況や経験等を考慮して
指導内容を設定し，具体の場面や物事に即し，段階的・継続的な指導を
行う。

　これまで，指導計画の作成と内容の取扱いについては，小学校・中学校学習指導
要領に準ずるのみならず，特別支援学校独自の項目が二つ示されていたが，今回の
改訂では，特別支援学校（知的障害）においては，総合的な学習（探究）の時間の
指導に当たっても，他の各教科等の内容の指導と同様に，個々の児童生徒の知的障
害の状態や経験等を考慮することが重要であることから，三つめの項目が加わった。
　第一は，学習活動が効果的に行われるための配慮事項である。生徒の障害の状態
や発達の段階等，特性等の個々の実態に応じ，補助用具や補助的手段，コンピュー
タ等の情報機器を適切に活用するなど，学習活動が効果的に行われるよう配慮する
こと。
　第二は，体験活動に当たっての配慮事項である。体験活動を展開するに当たって
は，児童生徒をはじめ教職員や外部の協力者などの安全確保，健康や衛生等の管理
に十分配慮すること。小・中学校の児童生徒と適切に交流及び共同学習を行うよう
配慮することが，特別支援学校独自に示されている。
　第三は，新たに加わった特別支援学校（知的障害）における配慮事項である。総
合的な学習（探究）の時間は，①探究的な学習のよさを理解すること，②実社会や
実生活の中から問いを見いだし解決していくこと，③探究的な学習に主体的・協働
的に取り組めるようにすること，などが求められる。その際，知的障害のある生徒
の特性として，抽象的な内容が分かりにくいことや学習した知識や技能が断片的に
なりやすいことなどを踏まえ，実際の生活に関する課題の解決に応用されるように
していくためには，具体の場面や物事に即しながら段階的な継続した指導が必要と
なる。そのため，各教科等の学習で培われた資質・能力を明確にし，それらを総合
的に関連付けながら，個別の指導計画に基づき，生徒一人一人の具体的な指導内容
を設定していくことが大切となる。また，主体的・協働的に取り組めるようにする
には，個々の生徒の知的障害の状態，生活年齢，学習状況や経験等を考慮しながら
単元等を設定し，生徒が自らの課題を解決できるように配慮することが大切である。

Q71

探究的な学習とは，どのようなものか？

A 児童生徒が主体的に課題を設定し，教科等横断的な視点から，問題解決的な活動が発展的に繰り返されていく一連の学習活動の総称である。

　探究的な学習とは，下図のような問題解決的な活動が発展的に繰り返されていく一連の学習活動である。

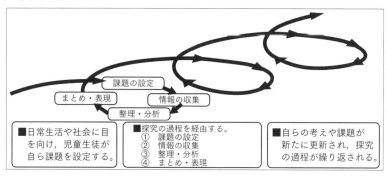

【図　探究的な学習における児童生徒の学習の姿】

① 　課題の設定：体験活動などを通して，課題を設定し課題意識をもつ。
② 　情報の収集：必要な情報を取り出したり収集したりする。
③ 　整理・分析：収集した情報を，整理したり分析したりして思考する。
④ 　まとめ・表現：気付きや発見，自分の考えなどをまとめ，判断し，表現する。
　こうした探究の過程はおよその流れのイメージであり，いつも順序よく繰り返されるわけではなく，学習活動のねらいや特性などにより順序が前後する場合がある。
　児童生徒は，①日常生活や社会に目を向けたときに湧き上がってくる疑問や関心に基づいて，自ら課題を見つけ，②そこにある具体的な問題について情報を収集し，③その情報を整理・分析したり，知識や技能に結び付けたり，考えを出し合ったりしながら問題の解決に取り組み，④明らかになった考えや意見などをまとめ・表現し，そこからまた新たな課題を見つけ，更なる問題の解決を始める，といった学習活動を発展的に繰り返していく。要するに探究的な学習とは，物事の本質を探って見極めようとする一連の知的営みのことである。

各教科等

I
II
III
IV
V
VI
VII
VIII

Q72

小学部で総合的な学習の時間が設定されないのは，なぜか？

A 全学年に生活科が設定されていること，各教科等を合わせた指導を行うことができることから，総合的な学習の時間と同様の趣旨の指導が可能である。

　知的障害者である児童に対する教育を行う特別支援学校小学部については，総合的な学習の時間は設けられていない。これは，小学部では，全学年に生活科が設定されていること，各教科等を合わせた指導を行うことができることなどから，総合的な学習の時間と同様の趣旨の指導が可能であるからである。

　総合的な学習の時間の特質に応じた学習の在り方としては，①探究的な見方・考え方を働かせること，②横断的・総合的な学習を行うこと，③よりよく課題を解決し，自己の生き方を考えていくこと，の三つの要素が示されている。各教科等の枠を越え探究する課題について，各教科等で身に付けた資質・能力を活用・発揮しながら解決に向けて取り組んでいく学習活動の充実が重要である。

　一方，生活単元学習は，各教科等を合わせた指導の一つの指導形態であり，児童生徒が生活上の目標を達成したり，課題を解決したりするために，一連の活動を組織的・体系的に経験することによって，自立や社会参加のために必要な事柄を実際的・総合的に学習するものである。指導計画の作成に当たっては，各教科等に係る見方・考え方を生かしたり，働かせたりすることのできる内容を含む活動で組織されることや，課題の解決への意欲等を育む活動等を含んだものであること，などが示されている。

　特別支援学校（知的障害）小学部段階の児童は，他人との意思の疎通や日常生活を営む際に困難さが見られ，頻繁または適宜援助を必要とする段階であるため，総合的な学習の時間と同様の趣旨の指導は，児童の発達段階から見て，実際の生活から発展し，児童の知的障害の状態や生活年齢及び興味や関心を踏まえた指導である生活単元学習において適切に行うことができる。

　なお，中学部・高等部においては，中学校・高等学校に準じて総合的な学習（探究）の時間を設け，生徒の障害の状態や発達段階等を考慮して，適切に授業時間を定めるとされている。

Q73

交流及び共同学習を，総合的な学習（探究）の時間でも実施することとなるのか？

A 交流及び共同学習は，各教科，道徳科，総合的な学習（探究）の時間または特別活動等のそれぞれの授業において行うことができる。

　学習指導要領（小学部，中学部）の第5章総合的な学習の時間の指導計画の作成と内容の取扱いにおいて，特別支援学校独自に，「体験活動に当たっては，（略）小学校の児童又は中学校の生徒などと交流及び共同学習を行うよう配慮すること」が，平成21年告示の特別支援学校学習指導要領と同様に示されているが，これは，交流及び共同学習を，総合的な学習の時間で実施しなければならないことを示したものではない。ねらいや活動の形態，内容等に応じ，交流及び共同学習を教育課程上に適切に位置付けることが大切である。

　交流及び共同学習は，小・中学校等と特別支援学校が学校間で連携して行うものや，小・中学校等において，当該学校が所在する地域に居住する特別支援学校の児童生徒等を受け入れて行うものなど様々な形態があるが，授業時間内に行われる交流及び共同学習は，その活動場所がどこであっても，児童生徒等の在籍校の授業として位置付けられていることに十分留意する必要がある。

　交流及び共同学習の教育課程上の位置付けは，各教科，道徳科，総合的な学習（探究）の時間または特別活動等のそれぞれの授業において行うことができる。実施する学校において，教育課程上の位置付けやねらいなどを明確にし，適切な評価を行うことが必要である。

　また，解説総則編において，交流及び共同学習の取組が，総合的な学習の時間や特別活動などを有意義に活用して行われることが示されている。小学校，中学校，高等学校の学習指導要領解説総則編においても同様に示されており，また，同解説総合的な学習の時間編では，年間指導計画の中に，特別支援学校等との連携や，児童生徒との直接的な交流を行う単元を設けることについて記載されている。

Q74

特別支援学校（知的障害）において，
特別活動の配慮事項で追加されたことはあるか？

A 個々の知的障害の状態や経験だけでなく，「生活年齢」及び「学習状況」が追加され，これらを踏まえた指導内容の設定に考慮することが重要であるとされた。

　特別活動の目標は，①多様な他者と協働する様々な集団活動の意義や活動を行う上で必要となることについて理解し，行動の仕方を身に付けるようにする（知識及び技能），②集団や自己の生活，人間関係の課題を見いだし，解決するために話し合い，合意形成を図ったり，意思決定したりすることができるようにする（思考力，判断力，表現力等），③自主的，実践的な集団活動を通して身に付けたことを生かして，集団や社会における生活及び人間関係をよりよく形成するとともに，自己の（人間としての）生き方についての考えを深め，自己実現を図ろうとする態度を養う（学びに向かう力，人間性等），の三つの柱に沿って整理された。達成に向け学習状況をより丁寧に把握し，具体的に指導する必要がある。また，知的障害のある児童生徒への教育的対応として「生活年齢に即した指導」が強調され，その年齢に必要なことを意識して目標を設定することが重要であるとされた。例えば，学校行事等を設定する際にも生活年齢を十分に踏まえ，学年にふさわしい内容を工夫することが大切である。このことについては，視覚障害者，聴覚障害者，肢体不自由者又は病弱者である児童生徒に対する教育を行う特別支援学校において，知的障害を併せ有する児童生徒に対して指導を行う場合も同様に配慮する必要がある。

　特別活動の内容の指導においては，前述の実態把握の上，一人一人の指導の重点を明確にしてねらいや指導内容を設定することが重要である。その際，特に児童生徒の理解に基づく生活に結び付いた内容を実際的な場面で具体的な活動を通して指導することである。例えば学級活動においては，児童生徒間の望ましい人間関係が形成できるように友達への関わり方について具体的な場面を取り上げて学習することや，集団の一員としてよりよく参画できるように，学校生活に必要な係を分担し，児童生徒が実際的な活動に責任をもって取り組めるようにするなど主体的，実践的な態度を育てることが大切である。また，中学部における進路選択の指導に当たっては，産業現場等における実習で仕事を体験することで，将来のことについて具体的にイメージをもち，考えるきっかけとすることが大切である。

Q75

児童会活動，生徒会活動をどのように展開すればよいか？

A 児童生徒が主体的に組織をつくることが明記され，児童会では異年齢交流，生徒会ではボランティア活動等の社会参画が重視されている。

　児童会活動の目標は，「異年齢の児童同士で協力し，学校生活の充実と向上を図るための諸問題の解決に向けて，計画を立て役割を分担し，協力して運営することに自主的，実践的に取り組むことを通して，第1の目標に掲げる資質・能力を育成することを目指す」と示された。小学校（小学部）の内容は次のとおりである。
「(1)　児童会の組織づくりと児童会活動の計画や運営
　　児童が主体的に組織をつくり，役割を分担し，計画を立て，学校生活の課題を見いだし解決するために話し合い，合意形成を図り実践すること。
(2)　異年齢集団による交流
　　児童会が計画や運営を行う集会等の活動において，学年や学級が異なる児童と共に楽しく触れ合い，交流を図ること。
(3)　学校行事への協力
　　学校行事の特質に応じて，児童会の組織を活用して，計画の一部を担当したり，運営に協力したりすること」
　知的障害のある児童生徒においても，高学年のリーダーを中心として，可能な限り児童（生徒）主体で児童（生徒）会が運営されるよう教師は適切に支援することが重要である。児童（生徒）会活動では，児童（生徒）が学校におけるよりよい生活を築くために諸問題を見いだし，協力して課題解決していく自発的，自治的な活動となるよう支援し，人間関係の形成やよりよい学校生活づくりに参画する態度を養いたい。更に，中・高等部の生徒会活動においては，学校内外の様々な助けを必要としている人たちに対し，自分たちができることを考え，実行するボランティア精神を養う活動等での社会参画も重視したい。学校は児童生徒にとって最も身近な社会である。その中で児童（生徒）会の異年齢集団でよりよい学校生活を目指して様々な活動を展開し，その過程で人間関係を築き高める「人間関係形成」，社会に主体的，積極的に関わろうとする「社会参画」，自分自身を理解して高めていこうとする「自己実現」の三つの視点に関わる資質・能力を高めていくことになる。

Q76

特別活動の「指導の重点」には，どのようなものがあるか？

A 〔学級活動〕の内容に「一人一人のキャリア形成と自己実現」が新設され，学校教育全体で行うキャリア教育の中核的な役割を担うことが明確化された。

　学習指導要領（小学部，中学部）総則では，キャリア教育の充実として，「児童又は生徒が，学ぶことと自己の将来とのつながりを見通しながら，社会的・職業的自立に向けて必要な基盤となる資質・能力を身に付けていくことができるよう，特別活動を要としつつ各教科等の特質に応じて，キャリア教育の充実を図ること。その中で，中学部においては，生徒が自らの生き方を考え主体的に進路を選択することができるよう，学校の教育活動全体を通じ，組織的かつ計画的な進路指導を行うこと」と規定している。内容に位置付けられた「一人一人のキャリア形成と自己実現」の実施に際しては次の2点に留意するものとする。

　特別活動がキャリア教育の要としての役割を担うとは，キャリア教育が学校教育全体を通して行うものであるという前提の下，小学部では自己の生き方を，中学部では人間としての生き方を見通しこれまでの活動を振り返るなど，教育活動全体の取組を自己の将来や社会づくりにつなげていくための役割を果たすことである。この点に留意して学級活動の指導に当たることが重要である。

　また，ここで扱う内容は，将来に向けた自己実現に関わるものであり，一人一人の意思決定を大切にする活動である。キャリア教育は，教育活動全体で基礎的・汎用的能力を育むものであることから，小学部では夢をもつことや職業調べ，中学部では職場体験等の固定的な活動だけに終わらないよう留意する。また，キャリア発達を促す視点から，職場見学や職場体験活動，社会人講話などの機会の確保が不可欠である。「社会に開かれた教育課程」の理念の下，幅広い地域住民等（キャリア教育や学校との連携をコーディネートする専門人材，高齢者，若者，PTA・青少年団体，企業・NPO等）と目標やビジョンを共有し，連携・協働して児童生徒を育てていく。更に個別の教育支援計画を活用し，家庭・保護者との共通理解を図りながら進める。特に中学部段階の生徒は心身の発達が著しく，自己の生き方への関心が高まる。自らの意思と責任で進路選択ができるよう，進学の際は高等部で何を学ぶのか明確に目的意識をもてるよう，保護者と密接に連携することが重要である。

Q77

特別活動を通して，どのような資質・能力を
高めていけばよいのか？

A 「人間関係形成」「社会参画」「自己実現」の三つの視点で整理された資質・能力を，各活動・学校行事を通して高めることになる。

　教育要領，学習指導要領（小学部，中学部）第6章特別活動では，「特別活動の目標，各活動・学校行事の目標及び内容並びに指導計画の作成と内容の取扱いについては，それぞれ小学校学習指導要領第6章又は中学校学習指導要領第5章に示すものに準ずる」ことが示されている。

　小学校学習指導要領第6章の第1「目標」では，次のとおり育成することを目指す資質・能力が規定されている。

(1)　多様な他者と協働する様々な集団活動の意義や活動を行う上で必要となることについて理解し，行動の仕方を身に付けるようにする。

(2)　集団や自己の生活，人間関係の課題を見いだし，解決するために話し合い，合意形成を図ったり，意思決定したりすることができるようにする。

(3)　自主的，実践的な集団活動を通して身に付けたことを生かして，集団や社会における生活及び人間関係をよりよく形成するとともに，自己の生き方についての考えを深め，自己実現を図ろうとする態度を養う。

　特別活動において育成を目指す資質・能力については，小学校学習指導要領解説特別活動編において「これまで目標において示してきた要素や特別活動の特質，教育課程全体において特別活動が果たすべき役割などを勘案して，『人間関係形成』，『社会参画』，『自己実現』の三つの視点で整理した」ことが記されている。三つの視点が育成を目指す資質・能力に関わると同時に，学習過程においても重要な意味をもっている。

　特別活動における学びの過程においては，特別活動ならではの「見方・考え方」を働かせることが重要である。特別活動の特質に応じた見方・考え方は「集団や社会の形成者としての見方・考え方」として示されている。

　特別活動は構成の異なる様々な集団活動に自主的，実践的に取り組み，集団や社会の形成者としての見方・考え方を働かせ，課題を捉えその解決を通して，資質・能力を高めることになる。

Q78

特別活動がキャリア教育の要となるのはなぜか？

A 特別活動の学級活動に「一人一人のキャリア形成と自己実現」が新たに
設けられ，キャリア教育の一層の充実を図る役割が明確に示されたため。

　学習指導要領（小学部，中学部）総則に「児童又は生徒が，学ぶことと自己の将来とのつながりを見通しながら，社会的・職業的自立に向けて必要な基盤となる資質・能力を身に付けていくことができるよう，特別活動を要としつつ各教科等の特質に応じて，キャリア教育の充実を図ること」と示された。

　このことは，児童生徒一人一人の社会的・職業的自立に向けて必要な基盤となる資質・能力を育み，キャリア発達を促すキャリア教育の充実を図ることが企図されている。キャリア教育について中教審答申では，「狭義の『進路指導』との混同により，中学校・高等学校においては，入学試験や就職活動があることから本来の趣旨を矮小化した取組になっていたり，（中略）小学校では特別活動において進路に関する内容が存在しないため体系的に行われてこなかったりしている実態がある」ことを指摘している。これらの指摘された課題を克服するために，学習指導要領には，特別活動を中核として，各教科・領域等と関連させながら，学校の教育活動全体を通してキャリア教育を進めていくことが明記された。

　今回の改訂では特別活動の〔学級活動〕の内容に「(3)　一人一人のキャリア形成と自己実現」を新たに設けている。解説総則編には，学級活動をキャリア教育の要として機能させていくために，実施に際しては次の2点に留意することが重要であると示されている。

　一つめは，「これからの学びや小学部では自己の生き方を，中学部では人間としての生き方を見通し，これまでの活動を振り返るなど，教育活動全体の取組を自己の将来や社会づくりにつなげていくための役割を果たすことである」。

　二つめは，「内容については，将来に向けた自己実現に関わるものであり，一人一人の主体的な意思決定を大切にする活動である。小学部から高等部へのつながりを考慮」することである。

　今後，学校教育全体で行うキャリア教育を効果的に展開していくために，キャリア教育の要としての役割を果たす特別活動，学級活動の充実が求められている。

IV

各教科等を合わせた指導

Q79

生活単元学習と遊びの指導はどのように区別するとよいのか？
また，関連するとよい点はあるか？

A 遊びの要素を含む活動か，遊びそのものを活動の中心に据えて取り組む
活動かによって区別され，関連付けによってより主体的な活動が期待で
きる。

　解説各教科等編では，生活単元学習は「児童生徒が生活上の目標を達成したり，
課題を解決したりするために，一連の活動を組織的・体系的に経験することによっ
て，自立や社会参加のために必要な事柄を実際的・総合的に学習するもの」と解説
されている。一般的に「○○をしよう」「○○会を行おう」等の単元が実施されて
いるが，この中で「○○を作って思いっきり遊ぼう」等，「遊び」の要素を含んだ
活動を展開していく単元も見られる。

　また，遊びの指導は「遊びを学習活動の中心に据えて取り組み，身体活動を活発
にし，仲間とのかかわりを促し，意欲的な活動を育み，心身の発達を促していくも
の」と解説されており，「遊び」そのものが中心となる。しかしながら，前述した
遊びの要素の重なりから，一般的に小学部高学年になると，「遊び」そのものを取
り上げるというよりは，意図的に「遊び」に関連した「ものづくり」や「おもてな
し」といった「役割」等にも重点が置かれることが自然であり，指導の形態として
は，生活単元学習に位置付けることが多く見られる。

　両者を関連付けるポイントとしては，次の2点が考えられる。

　1点目は，同学年において横断的・並行的に取り扱う場合である。例えば前述し
たように「遊びの指導」において行う「遊び」に関連する遊びの道具や場をつくる
ことを別途「生活単元学習」として位置付け，並行して展開することが考えられる。

　2点目は，同学年または異学年等において，縦断的・発展的に取り扱う場合であ
る。例えば，「遊びの指導」においてゲーム等の活動に取り組んで，児童が遊びき
った後に，近隣の幼稚園や保育所等の園児等に楽しんでもらう活動に発展させ，お
もてなしをする活動を生活単元学習として位置付けることが考えられる。

　このような関連付けにより，児童生徒にとっての「学びの文脈」ができ，より主
体的な活動が期待される。いずれにしても「自分から」「自分で」「めいっぱい」で
きる環境を整え，やりがいが感じられる状況づくりが大切である。

Q80

教科別の指導と各教科等を合わせた指導の関連で，
効果的な指導の形態をどのように選択すればよいか？

A 知的障害のある児童生徒の学習上の特性や教育的対応の基本を踏まえた
上で，適切な指導の形態を選択し，関連付けることが大切である。

　解説各教科等編では，「知的障害のある児童生徒の学習上の特性」として，「学習
によって得た知識や技能が断片的になりやすく，実際の生活の場面の中で生かすこ
とが難しい」ことを挙げ，「実際の生活場面に即しながら，繰り返して学習するこ
とにより，必要な知識や技能等を身に付けられるようにする継続的，段階的な指導
が重要となる」ことなどを示している。

　また，学習上の特性を踏まえた「知的障害のある児童生徒の教育的対応の基本」
として，10項目の留意すべき事項が示されている。その1番目の項目に「児童生
徒の知的障害の状態，生活年齢，学習状況や経験等を考慮して教育的ニーズを的確
に捉え，育成を目指す資質・能力を明確にし，指導目標を設定するとともに，指導
内容のより一層の具体化を図る」とある。

　よって，知的障害のある児童生徒の学習上の特性や教育的対応の基本を踏まえ，
指導内容の一層の具体化を図るために，各教科等を合わせて指導をすることが考え
られる。また，各教科の目標及び内容を重視し焦点化する場合は，教科別に指導を
行うことが考えられるが，その場合においても，各教科等を合わせた指導と同様に
学習上の特性と教育的対応の基本を踏まえることが求められる。

　いずれにしても，各教科等を合わせた指導で学んだことを踏まえ，教科別の指導
において深めていくことや，教科別の指導で学んだことを踏まえ，各教科等を合わ
せた指導において発展的に取り扱っていくことなど，指導の形態相互の関連付けが
大切である。

　なお，「児童生徒の知的障害の状態，生活年齢，学習状況や経験等」の箇所につ
いては，従前は「児童生徒の知的障害の状態や経験等」と示されており，今回の改訂
により，「等」に含まれていた「生活年齢」「学習状況」が前出しされている。この
ことは，知的障害の状態だけで判断せず，生活年齢相応の発展的な内容や，これま
で何を学び，何が身に付いたかを踏まえつつ，指導内容が限定的なものとならない
よう留意する必要性を示している。

Q81

新学習指導要領による改善点を，各教科等を合わせた指導に
どのように盛り込めばよいか？

A 各教科等の目標や内容を踏まえた適切な学習評価の実施や「主体的・対
話的で深い学び」の視点を踏まえた授業改善が大切である。

　新学習指導要領では，育成を目指す資質・能力の三つの柱に基づいて各教科の目
標及び内容を構造的に整理した。このことにより，小・中学校等との連続性を踏ま
えるとともに，各教科等を合わせた指導の中で展開される豊かな活動の結果として，
多岐にわたって取り扱われてきた各教科の目標及び内容が捉えやすくなった。
　各教科等を合わせた指導の各単元における実践を活動のみで捉えずに，その中に
含まれる各教科の目標及び内容を明確にし，結果として「何を学んだか」「何が身
に付いたか」を適切に評価することにより，個々の児童生徒の学びの高まりや広が
りを把握することが可能となる。このことは，個別の指導計画における各教科等の
評価への反映のみならず，授業及び単元，年間指導計画等の見直しにもつながる。
　なお，児童生徒の「学習過程」を重視し，「どのように学ぶか」を踏まえるとと
もに，「主体的」「対話的」「深い」という三つのキーワードに基づいて，授業等の
改善と充実を図ることを目指す「主体的・対話的で深い学び」の視点に基づいた取
組を進めていくことにより，児童生徒が各教科等の特質に応じた「見方・考え方」
を働かせる場面の設定が可能となる。
　これらのことを踏まえ，教職員が教科等横断的な視点をもち，当該の単元に含ま
れる各教科等の目標及び内容だけでなく，各教科等を合わせた指導や他の教科別の
指導における各単元との関連付けをしていくことにより，教育課程を軸に学校教育
の改善・充実の好循環を生み出す「カリキュラム・マネジメント」につなげていく
ことが期待される。

Q82

作業学習や日常生活の指導等を進める上でのポイントは
あるか？

A 活動のみに終始せず，児童生徒にとっての「なぜ・なんのため」を大切
にしたキャリア発達の視点を踏まえることが大切である。

　学習指導要領（小学部，中学部）第1章総則第5節「児童又は生徒の調和的な発達の支援」では，「1　児童又は生徒の調和的な発達を支える指導の充実」の（3）に「児童又は生徒が，学ぶことと自己の将来とのつながりを見通しながら，社会的・職業的自立に向けて必要な基盤となる資質・能力を身に付けていくことができるよう，特別活動を要としつつ各教科等の特質に応じて，キャリア教育の充実を図ること。その中で，中学部においては，生徒が自らの生き方を考え主体的に進路を選択することができるよう，学校の教育活動全体を通じ，組織的かつ計画的な進路指導を行うこと」と示されている。ここで言う「特別活動」とは，学級活動（高等部においてはホームルーム活動）を意味しており，対話を通して将来のことを考える時間として，あるいは今学んでいることがどのような意味をもち，何につながっていくのかを考える時間として，ガイダンスやカウンセリングにより，各教科等における学びをつなぐ「要」とすることが求められている。

　よって，日常生活の指導においては，身の回りのことや係活動などに「なぜ・なんのため」取り組むのかを踏まえることや，できたことが認められ，人の役に立つ経験につなげていくよう指導計画の工夫が必要である。また，「朝の会」や「帰りの会」において1日を見通したり，振り返ったりすることを捉え，対話に努めていくことを大切にしたい。

　また，第2章各教科の「職業・家庭」では，指導計画の作成と内容の取扱いの配慮事項として，「生徒一人一人のキャリア発達を促していくことを踏まえ，発達の段階に応じて望ましい勤労観や職業観を身に付け，自らの生き方を考えて進路を主体的に選択することができるよう，将来の生き方等についても扱うなど，組織的かつ計画的に指導を行うこと」と示している。

　ここでも単なる繰り返しの活動に終始せず，「役割を果たすことを通して自分らしく生きていくことを実現していく過程」であるキャリア発達の視点，今と将来をつなぐ児童生徒にとっての「なぜ・なんのため」を踏まえることが肝要である。

95

Q83

遊びの指導の成果が各教科別の指導につながる点にはどのようなことがあるか？

A 遊びの指導では各教科の土台となる多様な内容が取り扱われるとともに，各教科等における資質・能力の育成につながる。

　遊びの指導は「遊びを学習活動の中心に据えて取り組み，身体活動を活発にし，仲間とのかかわりを促し，意欲的な活動を育み，心身の発達を促していくもの」である。よって，児童が主体的に遊びきる活動を通して，友達同士で協力・共同して展開される場合など，多くの活動は生活科につながり，活発な身体活動が展開される場合は体育科につながる。また，絵の具や粘土等の素材遊びが展開される場合は図画工作科に，音や音楽遊びが展開される場合は音楽科につながる。

　なお，生活科の中には，「ものの仕組みと働き」という内容構成の観点が位置付けられており，風やゴムを使って遊ぶおもちゃを作ったり，楽しんだりする活動は，中学部の理科の内容につながることが示されている。

　遊びという活動そのものだけに目を向けてしまうと，教科の特性が見えにくくなり，各教科等の指導内容の配列などのつながりが弱くなってしまう可能性がある。その一方で，遊びを通して結果として身に付く教科の目標や内容に関する教師の意図が大きくなりすぎると，児童が自ら「する」活動ではなく「させられる」活動になってしまう可能性がある。これらのことに留意し，遊びの指導の中で展開される児童の豊かな学びや育ちに目を向け，発展的に捉えていく必要がある。

　また，児童が遊びに向かうエネルギーは，学びや仕事に向かうエネルギーとなっていく。夢中になって一生懸命遊びきるということは，夢中になって一生懸命学習に取り組むことや，夢中になって一生懸命働くことにもつながる。

　更に，育成を目指す資質・能力の三つの柱として示されている「知識及び技能」「思考力，判断力，表現力等」「学びに向かう力，人間性等」を踏まえて「遊びの指導」の指導計画を検討していくことにより，単なる繰り返しに終始しない，発展的な活動になるとともに，身に付けた力を各教科等につなげていくことが可能になると考える。

Q84

生活単元学習における目標意識や課題意識を育てる活動の具体例と配慮事項は何か？

A 地域協働活動など，児童生徒のできることを生かし，人の役に立つ実践が効果的であり，振り返りと対話を大切にすることが必要である。

　前述した新学習指導要領における「キャリア教育」の箇所をはじめ，「主体的な学び」の解説や，第7章自立活動第3「個別の指導計画の作成と内容の取扱い」においても，具体的な内容を設定する際に考慮すべき事項として「カ　個々の児童又は生徒が，自立活動における学習の意味を将来の自立や社会参加に必要な資質・能力との関係において理解し，取り組めるような指導内容を取り上げること」と明記されるなど，学習活動全般において児童生徒自身が「なぜ・なんのために」学ぶのかを大切にする必要性が示されている。

　従前から生活単元学習や作業学習においては，地域リソースの活用による体験を伴う豊かな活動が設定されてきた。新学習指導要領では，前文に示された「社会に開かれた教育課程」の解説文の一つに「地域の人的・物的資源を活用したり，放課後や土曜日等を活用した社会教育との連携を図ったりし，学校教育の目指すところを社会と共有・連携しながら実現させること」とある。また，「主体的・対話的で深い学び」における「対話的な学び」は「子供同士の協働，教職員や地域の人との対話，先哲の考え方を手掛かりに考えること等を通じ，自己の考えを広げ深める」と説明されている。さらに「カリキュラム・マネジメント」の側面の一つとして「教育内容と，教育活動に必要な人的・物的資源等を，地域等の外部の資源も含めて活用しながら効果的に組み合わせること」とある。

　社会に開き，地域と共に協働活動を展開していくことは，児童生徒にとっての「なぜ・なんのために」といった学びの必然性を考える契機になり，目標意識や課題意識を高めることにつながる。また，活動を通して他者から感謝されることにより自己有用感や社会参加の意識の高まりにつながることが期待される。

　その際，単に活動に終始せず，「対話的な学び」の解説に示されているように，振り返り，対話することが大切である。児童生徒が他者の多様な考えに触れることは，自己の考えを広げ，深める上で大切なことであり，そのような場面設定の工夫に留意する必要がある。

V

個別の教育支援計画・
個別の指導計画

Q85

個別の教育支援計画・個別の指導計画は関係機関等との連携にどのように活用するのか？

A 学校と家庭，地域及び医療・福祉・保健等の業務を行う関係機関との連携を図るために，専門性の違う関係者が共通理解するための手立てとする。

　連携や引継ぎには，幼児期から卒業後までの子供の成長・発達に伴い支援を受ける機関・学校等が変化することに伴う「縦」に引き継いでいくものと，子供を中心に，家庭と学校，地域，障害の改善・克服等に必要とされる様々な支援を行う機関等が今そこにいる子供のために「横」に連携する仕組みの二つの側面が必要となる。引継ぎの中心にいるのは学校ではなく，子供の保護者・家族である。したがって，保護者の思いや意向を十分に汲み取った上で作成される必要がある。保護者が，十分に理解し価値あるものと思ってくれた引継ぎ・連携書となった個別の教育支援計画は活用されることが多くなる。

　一方，医療機関や福祉事業所（放課後等デイサービス等）との連携を密にすることが極めて大切である。特に，日常生活の指導，自立活動や行事などの指導については，関係機関との共通理解を図り，協力体制を整えることが重要となる。そのためには，学校が，医師・看護師，指導員等の関係職員と緊密な連絡を取り合い，例えば協力して個別の教育支援計画を作成するなどして，支援の手立てや協力体制の質的向上を図ることが必要である。専門性の違いを超えて，互いの支援の場と支援方法等を知り合うことで，協働して実践できるものを探ったり，互いの場で活用したりすることが可能になる。

　なお，教育業界独自の用語を記載することは避ける。対象児の実態に関する記載として，教育診断用のアセスメントツールの結果（例えば，「○○式による５レベル」）や自立活動の目標などは，他の機関では分かりづらいので使用しない。重要なポイントとして，子供の支援に関わる関係者一同が分かる用語や文章などで表現するべきである。

　また，様々な機関からの子供に関わる情報収集等を保護者（のコメント）を介するだけで終えたり，機関名のみ記載したりするだけでは不十分である。

Q86

個別の教育支援計画を作成する際のポイントは何か？

A 他機関との連携を図るための長期的な視点に立った教育支援のための計画書であり，学校が中心に作成する。関係機関との連携と，保護者の参画が重要である。

　教育以外の分野との連携が円滑に行われることが求められ，特別支援教育コーディネーター及び関係機関の協力部署（担当者）の明確化を図るなどして，その連携システムを構築する。特に，福祉分野の個別の支援計画が作成されている場合は，その計画との協働性や接続を図り，一人一人の子供に応じた総合的な支援計画にしていく。

　また，子供への適切な教育的支援を行う場合に，保護者は重要な役割を担うものであり，作成過程において，保護者の積極的な参画を促し，計画の内容について保護者の意見を十分に聞いて計画を作成または改訂する。作成の流れとして，「保護者との原案作成」→「校内における委員会・学級／学年／学部会等にて検討」→「関係者が参加する『支援会議』の開催」→「個別の教育支援計画の作成」→「計画の周知」→「支援の実施後の評価」がある。対象児の就学や進学後，卒業後の実際的な生活に根ざして，数年後の姿（予後）や生活を想定した上で，作成した教員だけが実践するのではなく，関係者らが共有できる（参考として取り組める）支援目標や支援内容を設定する。そこで，放課後や休日の過ごし方について，家庭生活や地域での活動，家族・親類・子供が接する関係者などを地図のように書き出す「生活・人間関係マップ」のようなものを作成することが望ましい。個別の指導計画は，半年〜1年ごとに作成されるが，個別の教育支援計画は2〜3年ごとに作成（更新）されることが多い。その内容は，支援ニーズ，支援目標，支援内容と方法，支援を行う関係機関や担当者，支援の評価，引継ぎ事項などである。

　なお，保護者との信頼関係の構築がなされず，または保護者の同意や願いの把握をしないで作成するのは論外である。

　また，子供本人に重度の知的障害があったり，低年齢であったりすることを理由にして，内容を理解できないと判断し勝手に話を進めたり，作成したりすることはあってはならない。必ず本人・保護者等の了解の下に作成する。

Q87

個別の指導計画を作成する際のポイントは何か？

A 個別の指導計画は担任教師が作成し，一人一人の教育的ニーズに対応して指導目標や指導内容・方法を盛り込んだきめ細かい計画である。

　新教育要領，学習指導要領において，発達障害を含む多様な障害に応じた自立活動の指導を充実するため，その内容として，「障害の特性の理解と生活環境の調整に関すること」を示すなどの改善を図るとともに，個別の指導計画の作成に当たっての配慮事項を充実させた。例えば，自立活動における作成手順の一例として，①実態把握（障害の状態，発達や経験の程度，生育歴等），②指導すべき課題や課題相互の関連を整理，③実態に即した指導のねらいを明確に設定，④自立活動の内容の中から，個々の指導のねらいを達成させるために必要な項目を選定，⑤選定した項目を相互に関連付けて具体的な指導内容を設定，⑥他の領域との関連を図り，指導上留意すべき点を明確化，などである。

　個別の指導計画に基づく指導は，計画（Plan）－実践（Do）－評価（Check）－改善（Action）のサイクルで進められなければならない。これまで何を目標に学んできたのか，学んで身に付いたこと，学んで身に付きつつあること，まだ学んでいないことなど，その学習の記録を引き継いで指導すべき課題の整理に生かしていく。

　また，作成は担任教員が中心に行うが，児童生徒に関わる教員らが協力して一人一人の実情（違う場面を見ていての捉え方や，同じ場面でも異なる見立てがある）を把握していくことが大切である。教員同士が日頃から連絡を密にして子供理解を深めていく。校内研修でも，日々の教育実践記録や個別の指導計画等を基に多様な視点から振り返り，これからの指導の在り方を話し合っていくことを通して，教師間の共通理解と協力体制を築き，チームによる教育の充実を図る。

　なお，各教科等の指導も含めて，指導の系統性が重視される。担任教師が変わると，全く違う領域や内容が取り扱われることは，児童生徒や保護者が混乱する。また，短期目標などで曖昧な表現（「しっかり」等）は避けて評価可能な行動を記載する。

Q88

個別の教育支援計画や個別の指導計画を取り扱う上での配慮事項は何か？

A 個人情報の保護が確保されて，その管理や使用の具体的な在り方について十分に検討し，関係者らが共通理解を図る。

　個別の教育支援計画は，多くの関係者が関与することから，本人・保護者の同意を事前に得るなどして，個人情報の適切な取扱いに十分留意することが必要である。また，個別の教育支援計画及び個別の指導計画は，立案することが目的ではなく，実施状況を適宜評価し改善を図っていくことが不可欠である。

　一方，二つの計画の関係性を理解した上で活用する。基本的には，関係機関の連携と卒業後まで見通した支援を展開するための個別の教育支援計画が策定されて，それを基に，学校生活における指導や支援を行うための個別の指導計画がつくられる。記載内容は各々において独立的であるが，相互に関連し合うものが多い。例えば，児童生徒のキャリア教育を進めるに当たり，家庭・保護者の役割やその影響の大きさを考慮し，個別の教育支援計画を活用し，保護者との共通理解を図りながら進めることが重要である。その際，学校では，児童生徒の実際の姿を把握した上で，教育課程に基づき，長期目標（1年間など）と短期目標（単元や学期ごと）を設けて具体的な支援を行う。その際，把握した児童生徒の実態から今指導すべき課題を整理する視点として，数年後の学びや生活の場などを想定し，そこで必要とされる力や目指す姿を保護者と共に明らかにし，将来，社会の中での自分の役割を果たしながら，自分らしい生き方を実現していくための働きかけを考える。そして，児童生徒に関わる関係機関が連携して，卒業後を見通した一貫した支援と系統的な指導を展開するためには，二つの計画の作成担当者は，なぜその支援目標や指導目標を設定したのかなど，その設定に至るまでの考え方（根拠や仮説など）について記述し，次の担任教員（担当者）に引き継ぐような工夫も大切である。

　なお，進路先に引き継ぐ内容は特にないとして記載が少なかったり，学校生活の児童生徒の姿ばかりが強調されたりしている記載による引継ぎは参考にならない。「できた・できない」の評価のみではなく，どのように変容したかの記載が必要である。

Q89

合理的配慮に関する留意点は計画の中にどのように明記すればよいか？

A 合理的配慮は，障害の状態や教育的ニーズ，発達の段階等を考慮して，学校と本人・保護者が合意形成をした上で提供し，その内容を個別の教育支援計画に明記する。

　障害者の権利に関する条約で，「インクルーシブ教育システム」とは，人間の多様性の尊重等の強化，障害者が精神的及び身体的な能力等を可能な最大限度まで発達させ，自由な社会に効果的に参加することを可能とするとの目的の下，障害のある者と障害のない者が共に学ぶ仕組みであり，障害のある者が教育制度一般から排除されないこと，自己の生活する地域において初等中等教育の機会が与えられること，個人に必要な「合理的配慮」が提供されること等が必要とされている。合理的配慮は，障害者が他の者と平等に全ての人権及び基本的自由を享有し，または行使することを確保するための必要かつ適当な変更及び調整であって，特定の場合において必要とされるものであり，かつ，均衡を失したまたは過度の負担を課さないものを言う。障害者差別解消法では，障害者から現に社会的障壁の除去を必要としている旨の意思の表明があった場合において，その実施に伴う負担が過重でないときは，障害者の権利利益を侵害することとならないよう，当該障害者の性別，年齢及び障害の状態に応じて，社会的障壁の除去の実施について必要かつ合理的な配慮をしなければならない，とされている。最も重要なことは，本人・保護者からの配慮などの申し出を聞き取ることである。生活上の困難を聴取し様々な情報を合わせた実態把握から，必要で可能な支援を話し合い調整する。その際に，合理的配慮は，提供される側と提供する側の両者にとって合理的（reasonable）である必要があり，本人・保護者と学校による合意形成から決定していく。本人・保護者の思いを最大限に汲み取り，効果的・優先的にできる変更・調整・工夫を見つけ出していく。話合いの経緯なども明確にし，願いや目標とともに合理的配慮を個別の教育支援計画に記載していく。

　なお，特別支援学校や特別支援学級は障害のある子供のための教育支援と環境整備に努めている場であるから，既に合理的配慮は行っているとして，本人・保護者から配慮の要望等を聴取しないということは決してあってはならない。

VI

交流及び共同学習

Q90

今回の改訂では，交流及び共同学習について
どのように示されたか？

A 障害のある子供と障害のない子供が，共に尊重し合いながら協働して生活していく態度を育む観点から，交流及び共同学習の一層の推進を図ることが示された。

　学習指導要領では，「障害のない幼児児童生徒との交流及び共同学習の機会を設け，共に尊重し合いながら協働して生活していく態度を育むようにすること」（教育要領においては，「態度を育むよう努めるものとする」）となっている。

　交流及び共同学習とは，特別支援学校や小・中学校等が，それぞれの学校の教育課程に位置付けて，障害のある子供とない子供が共に活動することである。障害のある子供にとっても，障害のない子供にとっても，経験を深め，社会性を養い，豊かな人間性を育むとともに，互いを尊重し合う大切さを学ぶ機会となるなど，大きな意義を有するものである。また，学校卒業後においても，障害のある子供にとっては，様々な人々と共に助け合って生きていく力となり，積極的な社会参加につながるとともに，障害のない子供にとっては，障害のある人に自然に言葉をかけて手助けをしたり，積極的に支援を行ったりする行動や，人々の多様な在り方を理解し，障害のある人と共に支え合う意識の醸成につながると考えられる（文部科学省「交流及び共同学習ガイド」平成 31 年）。今回の改訂に当たっては，障害者基本法（平成 23 年改正）に規定されるとともに，中央教育審議会初等中等教育分科会で取りまとめられた「共生社会の形成に向けたインクルーシブ教育システム構築のための特別支援教育の推進（報告）」（平成 24 年）において，一層の推進が重要であるとの指摘がなされたこと，更に，2020 年東京オリンピック・パラリンピック競技大会を契機とする「心のバリアフリー」の推進の動向も踏まえ，全ての人が，障害等の有無にかかわらず，多様性を尊重する態度を育成できるようにすることが求められるなどの状況から，交流及び共同学習に関する記述が充実した。従前から，交流及び共同学習は，特別支援学校と幼・小・中・高等学校，特別支援学級と通常の学級等の間で行われているが，より一層積極的な取組が求められる。なお，幼稚園教育要領と小・中・高等学校学習指導要領においても，同様の趣旨から，障害のある子供との交流及び共同学習の機会を設けることが規定されており，各学校が意義や目的，実施上の留意事項等を確実に踏まえて実施することが重要となる。

Q91

交流及び共同学習を行う上でのポイントは何か？

A 交流及び共同学習を実施するためには，「関係者の共通理解」「体制の構築」「指導計画の作成」「活動の実施」「評価と改善」がポイントである。

　実施に当たっては，学習指導要領の趣旨等を踏まえ，次のような点に留意する必要がある（参考：『特別支援教育』平成30年秋号）。

ポイント①　関係者の共通理解
・学校，子供たち，保護者等の関係者が，交流及び共同学習の意義やねらい等について，十分に理解する。

ポイント②　体制の構築
・校長のリーダーシップの下，学校全体で組織的に取り組む体制を整える。

ポイント③　指導計画の作成
・交流及び共同学習の実施，事前の準備，実施後の振り返りについて，年間指導計画に位置付け，計画的・継続的に取り組む。
・単発のイベントやその場限りの活動ではなく，継続的な取組として年間指導計画に位置付ける。

ポイント④　活動の実施
・障害のある子供が主体的に活動に取り組むことができるようにする。
・障害のある子供の活動の状況や周囲の者の支援の様子を常に把握し，円滑に活動できるよう指導や支援を行う。
・事故防止に努めるとともに，障害のある子供に対し，活動が過重負担にならないように配慮する。

ポイント⑤　評価と改善
・活動後には，活動のねらいの達成状況，子供たちの意識や行動の変容を評価し，今後の取組に生かす。
・活動直後の状況だけではなく，その後の日常の生活における子供たちの変容を捉える。
・カリキュラム・マネジメントの視点から，学校全体の取組を評価し，改善することが重要である。

Q92

交流及び共同学習にはどのような形態があるか？

A 交流及び共同学習の意義・目的に沿って，学校間交流や居住地校交流，通常の学級と特別支援学級との交流及び共同学習など，多様な形態が考えられる。

　学校間交流は，小・中・高等学校等と特別支援学校が学校間で連携して行う交流及び共同学習のことであり，居住地校交流は，小・中・高等学校等において，当該学校が所在する地域に居住する特別支援学校の児童生徒を受け入れて行う交流及び共同学習のことである。

　教育課程上の位置付けとして，文部科学省の実施状況調査（平成29年）によれば，学校間交流では，小・中学校では「総合的な学習の時間」に，高等学校では「特別活動」に位置付けている学校が最も多く，居住地校交流では，各学校段階とも，「教科」や「特別活動」において取り組んでいる学校が多い。また，通常の学級と特別支援学級との交流及び共同学習では，様々な時間を活用して実施している状況が見られる。交流及び共同学習は，各教科，道徳科，総合的な学習（探究）の時間または特別活動等のそれぞれの授業において行うことができる。実施する学校においては，授業時間内に行われる交流及び共同学習は，その活動場所がどこであっても，児童生徒等の在籍校の授業として位置付けられていることに十分留意し，基本的には在籍校の教師が指導を行うことに留意する必要がある。教育課程上の位置付けやねらいなどを明確にし，適切な評価を行うことが必要である。

　内容として，解説総則編では，学校行事やクラブ活動，部活動，自然体験活動，ボランティア活動などを合同で行うといった直接的な取組だけでなく，文通や作品の交換，コンピュータや情報通信ネットワークなどを活用してコミュニケーションを深めるといった間接的な取組も述べられており，今後は，各学校では子供の状態等を踏まえ，学校の特色を生かした交流及び共同学習の工夫が求められる。また，一緒に参加する活動は，相互の触れ合いを通じて豊かな人間性を育むことを目的とする交流の側面と，教科等のねらいの達成を目的とする共同学習の側面の両方の側面が一体としてあり，分かちがたいものとして捉え，推進していく必要がある。

Q93

学校間交流と副籍，支援籍との違いは何か？

A 副籍や支援籍は，学校間で行う交流及び共同学習とは異なり，一人一人が居住する地元の小・中学校に副次的な籍を置き実施するものである。

　交流及び共同学習については，学習指導要領（小学部，中学部）第1章総則第6節学校運営上の留意事項の2「家庭や地域社会との連携及び協働と学校間の連携」において，「障害のない幼児児童生徒との交流及び共同学習の機会を設け，共に尊重し合いながら協働して生活していく態度を育むようにすること」，また，「特に，小学部の児童又は中学部の生徒の経験を広げて積極的な態度を養い，社会性や豊かな人間性を育むために，学校の教育活動全体を通じて，小学校の児童又は中学校の生徒などと交流及び共同学習を計画的，組織的に行うとともに，地域の人々などと活動を共にする機会を積極的に設けること」としている。

　学校間交流は，特別支援教育が特殊教育と言われていたときから，障害のある幼児児童生徒の理解を進めるため，特別支援学校と地域の小・中学校等との間で行われてきた交流及び共同学習である。一方，副籍や支援籍は，特別支援学校に在籍する幼児児童生徒一人一人の教育的ニーズを踏まえた支援の充実を図るため，地元の小・中学校に副次的な籍を置いて，個別の教育支援計画に基づき，一人一人の状況に応じ一定の期間，障害のない子供たちと一緒に学ぶ機会をもつ，個別的な交流及び共同学習である。また，副籍や支援籍では，インクルーシブ教育システムの理念を実現させるため，籍を置く学校にその子供の下足箱を用意したり，学級に机や椅子を用意したりするなど，特別支援学校に在籍する幼児児童生徒が「よその子」ではなく「地元の子」という意識をもって取り組むことが極めて重要である。

　なお，支援籍については，障害のある幼児児童生徒が，その子の教育的ニーズに応じた必要な学習活動を行うため，学籍を置く学校または学級以外に籍を置く仕組みで，例えば，特別支援学校に在籍する児童生徒が地元の小・中学校に「支援籍」を置く場合の他，小・中学校の通常の学級に在籍する発達障害を含め障害のある児童生徒が，特別支援学級や特別支援学校に「支援籍」を置き，個別の教育支援計画に基づき，障害の状態を改善するために必要な指導を，自立活動の指導を中心に受ける場合もある。

Q94

交流及び共同学習以外に，インクルーシブ教育をどのように
進めていけばよいか？

A インクルーシブ教育の推進は共生社会の実現を目指すことだと捉えている。多様性に寛容になり，一人一人のよさを確実に引き出す教育が求められる。

　中央教育審議会初等中等教育分科会報告「共生社会の形成に向けたインクルーシブ教育システム構築のための特別支援教育の推進（報告）」（平成24年7月）では，インクルーシブ教育システムとは，人間の多様性の尊重等の強化，障害者が精神的及び身体的な能力等を可能な最大限度まで発達させ，自由な社会に効果的に参加することを可能とするとの目的を実現させることだとしている。とかく，障害のある者と障害のない者が共に学ぶ仕組みの構築だけが前面に出て，その目的のように捉えられているが，本質は，「人間の多様性の尊重等の強化，障害者が精神的及び身体的な能力等を可能な最大限度まで発達させ，自由な社会に効果的に参加することを可能とする」であり，人は皆一人一人違っていて皆いいところがあるから，それを大事にできる人や社会を育てよう，障害のある人一人一人の可能性を最大限に発揮させることのできる教育を実現させようということである。そのため，今後はインクルーシブ教育を着実に進めていかなければならない。

　今，人を思いやる気持ちといったものを全く欠いた事件や事故の頻発，ポピュリズム的な言動や行動の横行など，極めて不寛容な社会が到来していると感じている。一方，医学の進歩や科学技術などの発展に伴い，人工知能やロボットが台頭するだろう社会では，そうした文明の利器を扱う人間にとって，創造性や感性，思いやりといった人間性が極めて重要になってきている。

　今回の学習指導要領の改訂では，知識の理解の質を高め資質・能力を育む「主体的・対話的で深い学び」や，「何ができるようになるか」を重要視した教科等横断的な学習の充実，各教科等における学習上の困難に応じた指導の工夫など，これまで特別支援教育が大切にしてきた要素が多く取り入れられている。今後，全ての学習指導において特別支援教育の考え方や手法を取り入れた実践が実現できれば，特に障害のない子供たちには，人を思いやる力や自信，やり抜く力，創造性などの非認知的能力も着実に育成され，学力の向上のみならず，いじめや不登校の防止などにつながる取組の実現が期待される。

VII

特別支援学級の
教育課程

Q95

特別支援学級では，なぜ特別の教育課程を編成できるのか？

A 小・中学校の目的及び目標達成のために，対象となる児童生徒の障害の実態や程度などその特性にふさわしい教育課程の編成が必要なため。

　小・中学校の特別支援学級における特別の教育課程の編成については，平成26年1月に我が国が批准した国連「障害者の権利に関する条約」に掲げられているインクルーシブ教育システムの構築を目指し，子供たちの自立と社会参加を推進していくこと，就学先決定の仕組み等の改正により，通常の学級にも障害のある児童生徒等の在籍している可能性が前提となったこと，などにより，全教職員が特別支援教育に関する教育課程の枠組みを理解することが求められ，今回の改訂で総則に規定された。

　特別支援学級は，小・中学校の学級の一つであり，小・中学校学習指導要領に基づく諸規定が適用される。同時に，教育課程の編成には学級の実態や児童生徒の障害の状態や特性及び心身の発達の段階等を考慮することが重要である。

　従前から，小学校の知的障害特別支援学級では，心身の諸機能の調和的発達，基本的生活習慣の確立，日常生活に必要な基礎的な知識，技能及び態度の習得，集団生活への参加と社会生活の理解などを目標とすることが多い。また中学校の知的障害特別支援学級では，小学校における目標を十分に達成するとともに，日常の経済生活についての関心を深め，将来の職業生活や家庭生活に必要な知識，技能及び態度を身に付けることなどを目標とすることが多い。

　こうした児童生徒の実態に応じた目標達成のために，今回の改訂では，まず学習指導要領（小学部，中学部）に示す自立活動を取り入れることを規定した。更に，学習指導要領（小学部，中学部）の「重複障害者等に関する教育課程の取扱い」を参考に，各教科の目標や内容を下学年の教科の目標に替えたり，各教科を特別支援学校（知的障害）の各教科に替えたりするなどして，実態に応じた教育課程を編成することを規定した。

　特別の教育課程の編成に当たっては，保護者等への説明や指導の継続性を明確にすることが大切である。また，通常の学級との交流及び共同学習を計画的に実施するなど，学校全体の教育課程との整合性を図ることが重要である。

Q96

特別支援学級に関するカリキュラム・マネジメントを
どのように考えたらよいか？

A カリキュラム・マネジメントでは，児童生徒に何が身に付いたかという
学習の成果を的確に捉え，個別の指導計画の実施状況を教育課程の評価
と改善につなげる。

カリキュラム・マネジメントは，学校教育に関わる様々な取組を，教育課程を中心に据えながら組織的かつ計画的に実施し，教育活動の質の向上につなげていくことであり，学習指導要領には以下の三つの視点が示された。①児童又は生徒や学校，地域の実態を適切に把握し，教育の目的や目標の実現に必要な教育の内容等を教科等横断的な視点で組み立てていくこと，②教育課程の実施状況を評価してその改善を図っていくこと，③教育課程の実施に必要な人的又は物的な体制を確保するとともにその改善を図っていくこと，である。更に特別支援学校学習指導要領では，その際に児童又は生徒に何が身に付いたかという学習の成果を的確に捉え，個別の指導計画の実施状況の評価と改善を教育課程の評価と改善につなげることが示されている。

①では，特別支援学級で指導される教科等や各教科等を合わせた指導を縦軸に置き，横軸には月・学期を置き，取り扱う内容を一覧にした年間計画をつくる。このような各教科等を合わせた指導の内容と，教科等別に指導される内容との関連性が一目で分かる表の作成は，教師間で教科等横断的な視点の共有を容易にする。

②では，今回の改訂で小・中学校の特別支援学級に学ぶ児童生徒の個別の指導計画の作成が義務付けられたことから，家庭と連携した個別の指導計画実施状況の評価と，教育課程の評価と改善を関連させることが一層重要となった。

③では，個に応じた指導を進める上で，個別指導を重視する学習内容や場面，小集団で指導を行う内容や場面などの人的，物的体制についての視点が考えられ，マネジメントには，予算編成時期等とも絡んだ計画性が求められる。

特別支援学級を併設する学校は，交流及び共同学習について，通常の学級と特別支援学級の教育課程を相互に関連付け，児童生徒に何が身に付いたかの視点で教育課程の評価と改善を積み重ねていくことが重要である。学校として一体性のある教育課程の実施には校長のリーダーシップの発揮が必要とされよう。

Q97

各教科等を合わせた指導を行う場合，
教育課程にどのように位置付けるのか？

A 各教科等を合わせて指導する単元等の学習内容と，教科別・領域別に指導する場合の学習内容との関連性を明確にして年間授業時数を適切に定める。

　小・中学校学習指導要領第1章総則第4の2（1）イの（イ）では，「特別支援学校の各教科に替えたりするなどして，実態に応じた教育課程を編成すること」が規定された。従前から知的障害教育で実践されてきた各教科等を合わせた指導は，知的障害児の実態に応じた指導の形態である。特別支援学級の教育課程に位置付けているものとしては，小学校では日常生活の指導や生活単元学習，中学校では生活単元学習や作業学習等がある。ここで，特別支援学校（知的障害）小学部の生活科の内容を指導する場合は，その内容が児童の学校生活や社会生活全般との関連が深いことから，生活の自然の流れで指導することが重要であるため，実際の指導においては，特別活動や道徳科と合わせて指導する場合や，他教科の内容を合わせて指導する場合などがあり，それらは日常生活の指導として位置付けられる。

　特別支援学級に学ぶ児童生徒は比較的知的障害の状態が軽度であることから，教科別の学習のほうが児童生徒にとってねらいが明確になり，取り組みやすいことが多い。その一方で，上述の生活科の内容のように，毎日繰り返して行い，望ましい生活習慣の形成を図りながら発展的に取り扱う学習（身辺処理に関することや，係・当番活動，時間やきまりを守ることなど）は，教科として教育課程に位置付けず，日常生活の指導として位置付けることが適切である。また，学級の生活上の目標の達成や課題を解決するための活動は，教科等に分けずに内容を一連の活動として組織したほうが，児童生徒の実態から教科等のねらいも達成しやすくなる場合には，生活単元学習として位置付けることが適切である。更に中学校においては，作業活動を学習活動の中心にしながら，将来の職業生活や社会自立に必要な事柄を総合的に学習する場合がある。特に「産業現場等における実習」を各教科の広範な内容を包含しつつ実施する場合は，作業学習として位置付けることが適切である。いずれも，各教科等との内容との関連性を明確にして，児童生徒が何を学んだか，何ができるようになったかを自ら振り返り評価できるようにすることが何よりも重要である。

Q98

知的障害特別支援学級では自立活動をどのように
指導すればよいか？

A 自立活動は，個々の児童生徒の障害の状態等の的確な把握に基づき，個別の指導計画を必ず作成して指導を展開する。

　今回改訂された小・中学校学習指導要領第1章総則第4児童（生徒）の発達の支援2イにある，特別支援学級において実施する特別の教育課程については，「障害による学習上又は生活上の困難を克服し自立を図るため，特別支援学校小学部・中学部学習指導要領第7章に示す自立活動を取り入れること」が規定された。これは，特別支援学級において実施する特別の教育課程の編成に関わる基本的な考え方の第一として示されている。

　自立活動は，児童生徒が自立を目指し，障害による学習上又は生活上の困難を主体的に改善・克服するために必要な知識，技能，態度及び習慣を養い，もって心身の調和的発達の基盤を培うことをねらいとした，学習指導要領（小学部，中学部）第7章に示されている領域である。その内容としては，「健康の保持」「心理的な安定」「人間関係の形成」「環境の把握」「身体の動き」及び「コミュニケーション」の六つの区分の下に27項目を設けている。

　自立活動の内容は，各教科等のようにその全てを取り扱うものではなく，個々の児童生徒の障害の状態等の的確な把握に基づき，障害による学習上又は生活上の困難を主体的に改善・克服するために必要な項目を選定して取り扱うものである。よって，児童生徒一人一人に個別の指導計画を作成し，それに基づいて指導を展開する必要がある。個別の指導計画の作成の手順や様式は，それぞれの学校が児童生徒の障害の状態，発達や経験の程度，興味・関心，生活や学習環境などの実態を的確に把握し，自立活動の指導の効果が最も上がるように考えるべきものである。更に理解を促すため，解説自立活動編においては，どのような観点で整理して個別の指導計画を作成するのか，発達障害を含む多様な障害に対する児童生徒等の例を解説しているので参照することが大切である。

　また，特別支援学校のセンター的機能を活用し，特別支援教育コーディネーターや自立活動教員などから助言を受けることも有効である。

Q99

交流及び共同学習をどのように考え，実施すればよいか？

A 共に尊重し合いながら協働して生活していく態度を育む場と捉え，本人の実態や通常の学級の学習内容等を考慮し，十分な満足感や達成感が得られるよう計画する。

　障害者基本法第16条第3項にも規定されているとおり，障害のある児童生徒等との交流及び共同学習は，障害のない児童生徒が障害のある児童生徒等に対する正しい理解と認識を深めるための絶好の機会であり，同じ社会に生きる人間として，お互いを正しく理解し，共に助け合い，支え合って生きていくことの大切さを学ぶ場でもある。この場合，相互の触れ合いを通じて豊かな人間性を育むことを目的とする交流の側面と，各教科等のねらいの達成を目的とする共同学習の側面の双方を分かちがたいものとして考え実施していくことが大切である。

　特別支援学級は小・中学校の学級の一つであり，通常の学級同様，適切に運営していくためには全教職員の理解と協力が必要である。中教審答申でも「特別支援学校や特別支援学級を設置している学校における交流及び共同学習は必ず実施していくべき」とされており，特別支援学級の学校運営上の位置付けが曖昧になり，学校組織の中で孤立することがないようにし，通常の学級と特別支援学級の交流及び共同学習の計画を，学校の教育計画に明確に位置付けることが重要である。

　そして何よりも，互いの担任同士が学級の枠を超えて児童生徒に関わる意識をもつことが大切である。特別支援学級の児童生徒が通常の学級での交流及び共同学習で生き生きと活動に参加し，互いにとって有意義な学習活動になるためには，通常の学級での温かい人間関係が何より重要であるとともに，特別支援学級でも，温かい人間関係を育成することが日常的な交流を深めやすい環境づくりになる。

　学校全体で，互いの違いを認め尊重し合う温かい関係性が醸成されると，教師からだけでなく双方の児童生徒から，日常のどんな場面で活動を共にすることが可能であるかのアイディアが生まれ，交流及び共同学習の具体的成果につながる。

　各学校においては，全教職員が障害者の権利に関する条約に掲げられたインクルーシブ教育システムの構築を目指す意識が根付くよう，校長が率先してそのことへの理解を深め，リーダーシップを発揮することが強く望まれる。

VIII
通級による指導の
教育課程

Q100

通級による指導で教育課程の編成は必要か？

A 通級による指導を受ける児童生徒については，特別の教育課程を編成する必要がある。

　教育課程とは，学校教育の目的や目標を達成するために，教育内容を児童生徒の心身の発達に応じ，授業時数との関連において総合的に組織した学校の教育計画である。編成の主体は各学校であり，校長が責任者となって編成するもので，他校から通級する児童生徒についても同様で，その児童生徒が受ける教育課程の編成は，在籍する学校の校長が行うものである。

　「通級による指導」は，小・中・高等学校の通常の学級に在籍する児童生徒が，大部分の授業を受けながら児童生徒の障害の特性に応じた特別の指導を特別な場で受ける指導形態であり，学校教育法施行規則第140，141条に基づいている。

　学校教育法施行規則第140条では，通級による指導の対象となる障害種別について，①言語障害者，②自閉症者，③情緒障害者，④弱視者，⑤難聴者，⑥学習障害者，⑦注意欠陥多動性障害者，⑧その他（平成25年10月4日付の文部科学省の通知により，その他に該当する障害は，肢体不自由者，病弱者及び身体虚弱者であることが示された），とされている。

　学校教育法施行規則第141条では，通級による指導は，通常の教育課程に加えるか，または，その一部に替えて行うものであり，通級による指導を受ける児童生徒については，特別の教育課程を編成する必要があるとされている。

　平成5年文部省告示第7号では，具体的な指導内容について，障害に応じた特別の指導とは，障害による学習上又は生活上の困難を改善し，又は克服することを目的とする指導であるとされている。これは特別支援学校の指導領域である自立活動に相当するものである。また，小・中学校における通級による指導の授業時数は，年間35単位時間から280時間までを標準としている。週当たりに換算すると，1単位時間から8単位時間程度となり，高等学校では，年間7単位を超えない範囲としている。平成18年文部科学省告示第54号では，学習障害や注意欠陥多動性障害のある児童生徒については，月1単位時間程度でも指導上の効果が期待できる場合は年間10単位時間が下限となっている。

Q101

教育課程の編成に当たって，児童生徒の在籍校とどのように
連携したらよいか？

A 通級による指導を効果的に行い，その内容を在籍学級で般化するために，
在籍学級担任や在籍学校の管理職との連携が必要である。

① 情報の共有

通級指導担当教員と在籍学級担任は，児童生徒の状態について多面的に情報を交換し，長期的な目標を共有していくことが大切である。その際，児童生徒の課題面や苦手な面ばかりに注目するのではなく，得意なことや好きなことなどに目を向ける必要がある。通級指導担当教員は，児童生徒の変化に着目し在籍学級担任にその変化を伝え，通級指導で行った指導が通常の学級で般化されるよう，連絡帳等で様子を伝える，面談の機会を設ける，通級指導の様子を参観してもらう等の手立てを取りたい。通級指導の内容と在籍学級における状態を関連させ，効果的な指導を行うためにも，通級指導担当教員は，在籍学級の様子を参観することも必要である。

② 共同で行う課題設定

通級指導では，在籍学級で生かせるような手立てを探り，児童生徒の状態に応じて，スモールステップで課題設定することが大切である。通級指導を受けている児童生徒の状態は様々であり，在籍学級担任と共に，児童生徒の状態を分析するなどして，状態を把握する。状態を共有することで，在籍学級担任も児童生徒に対する理解が進み，配慮や指導の工夫が期待できる。その際の課題は，無理なく達成感をもちやすくするため，スモールステップで設定し意欲的に取り組めるようにする。

③ PDCA による効果的な指導

通級指導担当教員と在籍学級担任とで指導方針を立て，課題を設定した後には，通級による指導と通常の学級での指導が相乗的に効果を生むよう，具体的な情報を適切な方法で共有したい。更に，通級指導担当教員と在籍学級担任，保護者，本人等との定期的な面談により指導の評価を行い，個別の指導計画の見直しを適宜行う。

通級指導でよい変化があったときには，その状態が在籍学級で般化されるよう在籍学級担任にフィードバックし，生かしてほしいポイント等を示すことも大切である。在籍学級担任から認められることは，児童生徒の自己肯定感を高め，更なる意欲につながる。在籍学校と通級指導のよりよい信頼関係，緊密な連携を築きたい。

Q102

通級による指導を行い，特別の教育課程を編成する場合には，特別支援学校の自立活動の内容を参考するとなっているが，具体的にはどういうことか？

A 通級による指導で行われる障害に応じた特別の指導の目的は，特別支援学校の指導領域である自立活動に相当する。

　平成5年文部省告示第7号では，具体的な指導内容について，障害に応じた特別の指導とは，障害による学習上又は生活上の困難を改善し，又は克服することを目的とする指導であるとされている。これは特別支援学校の指導領域である自立活動に相当するものである。

　自立活動の内容は，人間としての基本的な行動を遂行するために必要な要素と，障害による学習上又は生活上の困難を改善・克服するために必要な要素で構成されており，それらの代表的な要素である27項目が「健康の保持」「心理的な安定」「人間関係の形成」「環境の把握」「身体の動き」「コミュニケーション」の6区分に分類・整理されている。この中から必要なものを選択し，個別の指導計画を作成する。

　通級による指導における自立活動では，児童生徒の状態に応じて，次のような具体的な指導を個別指導や小集団指導で行っている。

○言語障害
　正しい音の認知や模倣，構音器官の運動の調整，発音・発語指導などの構音の改善，話し言葉の流暢性の改善，日常生活の体験と結び付けた言語機能の基礎的事項等
○自閉症
　基本的な生活習慣の確立を図ること，適切に意思の交換を図ること，円滑な対人関係を築く方法を獲得すること，目標をもって学習に取り組むこと等の指導
○情緒障害
　日常生活習慣の形成のための指導，人との関わりを深めるための指導等
○弱視
　視覚認知を高める指導，目と手の協応動作を高める指導，視覚補助具の活用等
○難聴
　聴覚活用，音声言語の受容と表出，言語の意味理解や心理的問題等
○学習障害（LD）
　指示を理解する力，筋道立てて話す力，音読する力，文字を正確に書く力，計算する力，位置や空間を把握する力等を高めるための指導
○注意欠陥多動性障害（ADHD）
　不注意な間違いを減らす，注意を集中し続ける，指示に従って課題をやり遂げる，忘れ物を減らす，順番を待ったり最後まで話を聞いたりするための指導等

Q103

通級指導教室で行う自立活動と各教科の内容の補充指導を
どう考えればよいか？

A 障害の状態に応じて各教科の内容を取り扱いながら指導を行うことができるが，単なる各教科の後れを補充するための指導ではない。

　平成5年文部省告示第7号では，障害に応じた特別の指導は，障害による学習上又は生活上の困難を改善し，又は克服することを目的とする指導とし，特に必要があるときは，障害の状態に応じて各教科の内容を取り扱いながら行うことができるものとされている。ただし，あくまで障害による学習上又は生活上の困難を改善し，又は克服することを目的として行われることが必要であり，単なる各教科の後れを補充するための指導とはならないように留意する必要がある。

　各教科の内容を取り扱いながら行う指導としては，次のような指導が考えられる。

【障害に応じた通級による指導の手引（文部科学省編著）より】

○言語障害
　国語及び外国語活動又は外国語……教科書の文章の音読に関し，的確な発音で，かつスムーズに行うことができるようにする指導
　社会（及び生活又は総合的な学習の時間）……授業で，実際に作業・体験したことをまとめて発表する際に，要領よくかつ適切に話せるようにする指導
○自閉症
　国語……意図を読み取ることの困難さに対し，文学的な文章の中で登場人物の考えや気持ちを読み取る指導
　生活……人間関係の形成の困難さに対し，自分の意思を伝える指導
○情緒障害
　国語や社会等……自尊感情の低下により生じる困難さに対し，人前で話すことや発表することに自信がもてるようにする指導やグループでの活動に参加意欲を高める指導
○弱視
　国語……漢字の読み書きの指導（形の似た，画数の多い漢字を中心に）
　算数・数学……図形やグラフの指導（正しく書く，目盛りを正確に読み取る）
　社会……地図に関する指導（複雑な地図を正確に読み取る，白地図に記入する）
　体育・保健体育……器械運動，球技等で見えにくさのために困難が生じる運動の指導
○難聴
　国語（及び外国語活動又は外国語）……文章を読むために必要な語彙や言語概念を身に付けるための指導
　音楽……歌唱，楽器の演奏に関して，補聴器等を活用しながら，より適切に行うことができるようにする指導
○学習障害（LD）
　国語（及び外国語活動又は外国語）……読むことに対し障害の特性に応じた読みやすくなる工夫を練習，書くことに対し漢字の成り立ち等について学習
　算数・数学……計算することに対し具体的な場面を想像して考え方を理解する指導，推論することに対し図形の特徴や操作の手順を言語化・視覚化
○注意欠陥多動性障害（ADHD）
　国語……漢字のへんやつくり，意味に着目して比べて違いを意識できる指導
　算数・数学……文章題の必要な情報に注目できるよう練習してから解くようにする指導

Q104

高等学校の生徒を通級で指導する場合は，単位認定をどうすればよいか？

A 高等学校の定める「個別の指導計画」に従って通級による指導を履修し，その個別の目標に対し成果が認められる場合に，単位認定される。

　平成5年文部省告示第7号により，高等学校においても障害に応じた特別の指導を，年間7単位を超えない範囲で行えることとされている。平成28年12月に学校教育法施行規則が改正され，その通知の中で，高等学校の単位認定・学習評価等についても次のように示されている。

- ・高等学校における通級による指導の単位認定の在り方については，生徒が高等学校の定める「個別の指導計画」に従って通級による指導を履修し，その成果が個別に設定された目標からみて満足できると認められる場合には，当該高等学校の単位を修得したことを認定しなければならないものとすること。
- ・生徒が通級による指導を2以上の年次にわたって履修したときは，各年次ごとに当該特別の指導について履修した単位を修得したことを認定とすることを原則とするが，年度途中から開始される場合など，特定の年度における授業時数が，1単位として計算する標準の単位時間（35単位時間）に満たなくとも，次年度以降に通級による指導の時間を設定し，2以上の年次にわたる授業時数を合算して単位の認定を行うことも可能とすること。また，単位の修得の認定を学期の区分ごとに行うことも可能とすること。

（参考）通級による指導を最大限（7単位×3年）実施し，かつ代替のみした場合のイメージ

※実際には，替えるのみならず，加えて編成することも可能

【パターン①】必履修教科・科目等が38単位，修得合計単位数が74単位の場合

必履修教科・科目，総合的な学習の時間（38単位）	通級による指導（21単位）	選択教科・科目（15単位）	特別活動

卒業までの最低修得単位数（74単位）

【パターン②】必履修教科・科目等が50単位，修得合計単位数が90単位（※1）の場合

必履修教科・科目，総合的な学習の時間（50単位）	通級による指導（21単位）	選択教科・科目（19単位）	特別活動

修得合計単位数（90単位）

（※1）修得合計単位数については，最低単位数（74単位）を超えて，学校が独自に設定することが可能。特に，全日制の普通科や専門学科の学校が多い。

【パターン③】専門学科で修得合計単位数が74単位の場合

必履修教科・科目，総合的な学習の時間（38→31単位（※2））	専門教科・科目（25→20単位（※3））	通級による指導（21単位）	選択教科・科目（2単位）	特別活動

修得合計単位数（74単位）

（※2）必履修教科・科目は，原則として38単位以上とされているが，特に必要がある場合，31単位まで減じることができることとされている。

（※3）専門学科において，全ての生徒に履修させる専門教科・科目は，高等学校学習指導要領上，原則として25単位以上とされているものの，専門教科・科目以外の各教科・科目の履修により，専門教科・科目の履修と同様の成果が期待できる場合は，学校判断により，その専門教科・科目以外の各教科・科目の単位を5単位まで上記の単位数の中に含めることができる。

【パターン④】総合学科で修得合計単位数が74単位の場合

必履修教科・科目，総合的な学習の時間（38単位）	産業社会と人間（4単位）	通級による指導（21単位）	選択教科・科目（11単位）	特別活動

修得合計単位数（74単位）

用語集

【あ行】

遊びの指導

　各教科等を合わせた指導の形態の一つで，主に小学部段階で遊びを学習活動の中心に据えて取り組み，身体活動を活発にし，仲間との関わりを促し，意欲的な活動を育み，心身の発達を促していくものである。各教科等に関わる広範囲の内容が扱われるが，生活科との関連では，例えば「身の回りの遊びに気付く」「教員や友達と簡単なきまりのある遊びをする，工夫しようとする」「きまりを守ったり，遊びを工夫し発展させたりして，仲よく遊ぼうとする」等，段階に応じたねらいが考えられる。また比較的自由に取り組むものや，一定の場所や時間，教材，集団等設定された中で取り組むものがあるが，その成果を教科別の指導につなげていくことや，遊びそのものを楽しみ，満足感や成就感を味わい，諸活動に向かう意欲，主体性が育つよう指導することが大切である。

生きる力

　「生きる力」とは，知・徳・体のバランスの取れた力のことを指す。変化の激しい社会を生きるために，「確かな学力」「豊かな人間性」「健康・体力」をバランスよく育むことが必要である。今回の学習指導要領改訂では，子供たちの学びを更に進化するため，主体的・対話的で深い学びによる授業改善やカリキュラム・マネジメントによる教育活動の質の向上などが求めら

れている。授業において，学んだことを人生や社会に生かそうとする「学びに向かう力」，実際の社会や生活で生きて働く「知識及び技能」，未知の状況にも対応できる「思考力，判断力，表現力」を身に付け，学校での学びを生かせるようにする。特別支援教育では，幼児期から高等学校段階まで，全ての学校で障害に応じた指導を行い，一人一人の能力や可能性を最大限に伸ばすことが求められる。

インクルーシブ教育

　我が国は平成26年1月に障害者の権利に関する条約に批准した。我が国では同条約の批准に向け，国内法令等の整備，学校教育関連法令等の整備が行われた。平成24年の中央教育審議会初等中等教育分科会報告において，「共生社会の形成に向けたインクルーシブ教育システム構築のための特別支援教育の推進（報告）」が取りまとめられた。インクルーシブ教育システムとは，同条約第24条に示されている「障害者を包容するあらゆる段階の教育制度」のことである。障害のある子供も障害のない子供も共に学び合い，共に育っていくというインクルーシブ教育の考え方を園・学校を含め社会に広げていくことが求められている。そのためには，特別支援教育を着実に進めていく必要がある。

【か行】

ガイダンス

　学習指導要領（小学部，中学部）総則第2章教育課程の編成及び実施において，児童生徒の調和的な発達の支援には，「ガイダンス機能の充実」が重要であると示されている。「ガイダンス機能の充実」とは，情報提供や案内，説明，活動体験，各種の援助・相談活動などを，各校において計画的・組織的に進めていくことである。例えば，キャリア教育では，将来の進路選択のために，キャリア発達を促す指導計画の作成や情報提供を行うことなどが挙げられる。特に，入学時や新たな学習開始時期においては，好ましい人間関係や見通しをもって，意欲的，主体的に取り組むことができるよう配慮が必要である。このように，「ガイダンス機能の充実」は，児童生徒の自立と社会参加に向けた資質・能力の育成のために極めて重要なことである。

カウンセリング

　悩みをもった一人の人間を援助する，心理相談のこと。人間の心理や発達の理論に基づく対人援助活動であり，個人の成長を促進し，対人関係の改善や社会適応を向上させることを目的とする。カウンセリングを進める際には，カウンセラーとクライアントとの信頼関係の構築，共同作業意識の醸成，事実や問題の明確化，目標の明確化，成功体験の積み重ね等の点に留意する必要がある。学校におけるカウンセリングの特徴は，治療ではなく，自己理解を促し，自ら問題解決する力を引き出し，自己実現を援助するところにある。児童生徒の人格形成や様々な問題解決に有効である。様々な領域で公認心理師等の対人援助サービス専門家がそれぞれの場面で活用している。

各教科等を合わせた指導

　知的障害のある児童生徒に教育を行う場合，実際的・具体的な内容の指導が必要であり，抽象的な内容の指導よりも効果的であるという理解から，各教科，特別の教科　道徳，特別活動，自立活動及び小学部においては外国語活動の一部又は全部を合わせて指導を行うことができるとされている。これまで，日常生活の指導，遊びの指導，生活単元学習，作業学習等として実践されており，「各教科等を合わせた指導」と呼ばれている。法的根拠は，学校教育法施行規則第130条第2項に，「知的障害者である児童若しくは生徒又は複数の種類の障害を併せ有する児童若しくは生徒を教育する場合において特に必要があるときは，各教科，道徳，外国語活動，特別活動及び自立活動の全部又は一部について，合わせて授業を行うことができる」とされていることである。

学習指導要領

　各学校の教育課程の編成及び実施の基準となるもので，文部科学大臣が告示する。学校教育法の規定に基づき学校教育法施行規則の委任によって制定

された告示であるため，法的な拘束性をもつ。小学校，中学校，高等学校，特別支援学校小学部・中学部，特別支援学校高等部の5種類があり，他に幼稚園教育要領，特別支援学校幼稚部教育要領がある。特別支援学校小学部・中学部学習指導要領及び特別支援学校高等部学習指導要領は「総則」「各教科」「特別の教科　道徳」（高等部は知的障害のある生徒に対して教育を行う場合のみ）「外国語活動」（中・高は外国語）「総合的な学習の時間」（高等部は「総合的な探究の時間」）「特別活動」「自立活動」の各章から構成されている。文部科学大臣が中央教育審議会初等中等教育分科会教育課程部会に「教育課程の基準の改善」を諮問，同部会の答申を受けて作成される。

学校評価

学校評価は，学校教育法と学校教育法施行規則に基づき，児童生徒がよりよい教育を享受できるよう学校運営の改善と発展を目指し，組織的・継続的な学校運営の改善，学校・家庭・地域の連携協力による学校づくりの推進，教育の質の保証と向上を目的として実施する。実施手法として，①教職員が行う自己評価，②保護者・地域住民等の学校関係者による評価委員会が自己評価の結果を評価する学校関係者評価，③学校運営に関する外部専門家が自己評価・学校関係者評価の結果を専門的視点から評価する第三者評価，の3形態がある。自己評価を行う際，児童生徒・保護者等を対象に行うアンケート結果等を把握することが重要である。第三者評価は，実施者の責任の下，必要と判断した場合に行う。評価結果は設置者に報告を行い，保護者等に公表することが求められる。

観点別評価

学習指導要領に示す目標に照らして，その実現状況を観点ごとに評価し，児童生徒の学習状況を分析的に捉えるもの。観点別評価には，目標に準拠した評価の実質化や，教科，校種を超えた共通理解に基づく組織的な取組を促す観点から，「知識・技能」「思考・判断・表現」「主体的に学習に取り組む態度」の3観点に整理されている。評価方法は，指導と評価の一体化を図る中で，論述やレポートの作成，発表，グループでの話合い，作品の製作等といった多様な活動に取り組ませるパフォーマンス評価などを取り入れ，ペーパーテストの結果にとどまらない，多面的，多角的な評価を行うことが必要である。以上を踏まえ，知的障害者である児童生徒に対する教育を行う特別支援学校においては，文章により記述する。

キャリア教育

キャリア教育とは，児童生徒一人一人の社会的・職業的自立に向け，必要な基盤となる能力や態度を育てることを通して，キャリア発達を促す教育である。児童又は生徒が，学ぶことと自己の将来とのつながりを見通しながら，社会的・職業的自立に向けて必要な基

盤となる資質・能力を身に付けていくことができるよう，特別活動を要としつつ各教科・科目等又は各教科等の特質に応じて，キャリア教育の充実を図ることが求められるとともに，中学部，高等部においては，生徒が自己の在り方・生き方を考え主体的に進路を選択することができるよう，学校の教育活動全体を通じ，組織的かつ計画的な進路指導を行うことや，家庭及び地域や福祉，労働等の業務を行う関係機関との連携を十分に図ることが必要である。

教育相談

　本人や保護者の悩みを受け止め，助言を行う中で，児童生徒それぞれの発達に即して人格の成長への援助を図る相談活動である。本人や保護者の悩みは，学習，人間関係，キャリア形成，進路選択，自己の性格，家庭や家族関係についてなど多岐にわたる。そのため，相談を担当するのは，学級担任や生徒指導担当職員だけではなく，ケースによっては養護教諭，特別支援教育コーディネーター，管理職，スクールカウンセラーやスクールソーシャルワーカーなどの専門の職員が連携して，「チーム学校」として対応する場合もある。また，教育相談を行うに当たっては，カウンセリングの技法，各相談機関（児童相談所や医療機関，福祉事務所等）の専門性や手続きの仕方などもよく理解しておくことも大切で，必要によっては，関係機関も交えながら，段階的によりよい方策を考え，支援につなげていく場合もある。

教科別の指導

　学校教育法施行規則によると，小学部の各教科は，生活，国語，算数，音楽，図画工作，体育の6教科であり，中学部は，国語，社会，数学，理科，音楽，美術，保健体育，職業・家庭の8教科である。また，中学部では，必要がある場合には外国語科を設けることができる。これらの教科ごとに時間を設定して指導を行うことを「教科別の指導」と言う。学習指導要領では，同じ学年であっても個人差が大きいことから，各教科の内容を段階別に示すとともに，段階ごとに目標が設定されている。なお，今回の改訂により，中学部においても新たに2段階が設定された。「教科別の指導」を行うに当たり，各教科及び各段階の目標を踏まえるとともに，児童生徒の実態に合わせて，目指すべき資質・能力の育成に資する具体的な指導内容を適切に計画することが重要である。

共生社会

　平成24年7月に中央教育審議会初等中等教育分科会から「共生社会の形成に向けたインクルーシブ教育システム構築のための特別支援教育の推進（報告）」が出された。この中で「共生社会」とは，これまで必ずしも十分に社会参加できるような環境になかった障害者等が，積極的に参加・貢献していくことができる社会であるとされている。それは，誰もが相互に人格と個性を尊重し支え合い，人々の多様な在り方を相互に認め合える全員参加型の

社会である。このような社会を目指すことは，我が国において最も積極的に取り組むべき重要な課題である。学校教育は，障害のある幼児児童生徒の自立と社会参加を目指した取組を含め，共生社会の形成に向けて重要な役割を果たすことが求められている。

言語活動

言語活動を充実させるためには，一人一人の障害特性を理解しておくことが重要である。例えば，知的障害のある子供たちは，学んだ知識や技能が断片的になりやすく，日常生活の場面で適切に活用させることが難しい場合がある。そこで，生活単元学習等で，実際的・具体的な活動の場を設定し，自分の要求を伝える場面や友達と話し合う活動を多く取り入れる等の工夫が必要である。また，重度・重複障害のある子供たちは，筋力の弱さ等により，話したり文字を書いたりすることが困難な場合がある。そのような場合は，スイッチやタブレット端末等のICT機器を活用して，要求や気持ちを表現する力を育成することが大切である。どの場合でも，自分の思いが伝わったときの喜びを感じさせることが重要である。

言語能力

言葉は，資質・能力の育成や学習の基盤となるものである。新たな知識を得たり，必要な情報を取り出したり，自分の考えをまとめたり，他者の思いを受け止めながら自分の思いを伝えた

り，目的を共有して協働したりすることができるのも言語能力に負うところが大きい。したがって，児童生徒の学びの質の向上や資質・能力の育成に関わる重要な課題として受け止め，重視していくことが求められる。その育成には，言語を直接の学習対象とする国語科はもちろんのこと，全ての教科等においてそれぞれの特質に応じた言語活動の充実を図ることが必要である。今回の改訂に当たっては，特別支援学校（知的障害）における国語科の目標や内容の見直しを図ったところであり，発達段階に応じた言語能力の育成のため，国語科を要としつつ教育課程全体を通した組織的・計画的な取組が求められる。

現代的な諸課題に対応して求められる資質・能力

今回の学習指導要領改訂では，学習の基盤となる資質・能力だけでなく，豊かな人生の実現や災害等を乗り越えて次代の社会を形成することに向けた現代的な諸課題に対応して求められる資質・能力についても教科等横断的な視点に立って育成することを規定している。現代的な諸課題に対応して求められる資質・能力として，中央教育審議会答申では「健康・安全・食に関する力」「主権者として求められる力」「新たな価値を生み出す豊かな創造性」「伝統や文化を尊重しつつ，多様な他者と協働しながら目標に向かって挑戦する力」「地域や社会における産業の役割を理解し地域創生等に生かす力」

「自然環境や資源の有限性等の中で持続可能な社会をつくる力」「豊かなスポーツライフを実現する力」などが考えられるとされた。

検定教科書

我が国では、学校教育法により小・中・高等学校等の教科書について教科書検定制度が採用されている。民間で著作・編集された図書について、文部科学大臣が教科書として適切か否かを審査し、これに合格したものを教科書として使用することを認めている。小学校においては、この検定を経た教科書（文部科学省検定済教科書）と、文部科学省が著作の名義を有する教科書（文部科学省著作教科書）を使用しなければならない（学校教育法第34条）。この規定は、特別支援学校にも準用されている。なお、特別支援学校や特別支援学級等において、適切な教科書がないなど特別な場合には、これらの教科書以外の図書（一般図書等）を教科書として使用することができる。

合理的配慮

障害者の権利に関する条約第2条において、合理的配慮とは、「障害者が他の者との平等を基礎として全ての人権及び基本的自由を享有し、又は行使することを確保するための必要かつ適当な変更及び調整であって、特定の場合において必要とされるものであり、かつ、均衡を失した又は過度の負担を課さないものをいう」と定義されている。合理的配慮の内容は、一人一人の障害の状態や教育的ニーズ等に応じて異なるが、「教員、支援員等の確保」「施設・設備の整備」「個別の教育支援計画や個別の指導計画に対応した柔軟な教育課程の編成や教材等の配慮」が考えられる。また、合理的配慮の決定・提供に当たっては、各学校の設置者及び学校が体制面、財政面を勘案し、均衡を失したり過度な負担となったりしないよう個別に判断することとなる。

交流及び共同学習

障害のある子供と障害のない子供、あるいは地域の障害のある人とが触れ合い、共に活動する学習である。特別支援学校と小・中学校等が、学校行事やクラブ活動、部活動を合同で行ったり、情報通信ネットワークを活用してコミュニケーションを深めたりすることなどが挙げられる。相互の触れ合いを通じて豊かな人間性を育む「交流」としての側面と、教科等のねらいを達成する「共同学習」としての側面を一体と捉える必要がある。相互理解を深めるためには、障害のある子供は支援依頼など自らの意思を伝えること、障害のない子供は適切な支援をスムーズに行うことなどが求められる。また、それぞれのねらいを達成するためには継続的な取組が必要である。各学校で教育課程上の位置付けや目的を明確にし、学校間で連携を図りながら計画、実施されることが望まれる。

【さ行】

作業学習

作業学習は，作業活動を学習活動の中心にしながら，児童生徒の働く意欲を培い，働きながら人と交わる社会生活ができるようになるといった，将来の職業生活や社会自立に必要な事柄を総合的に学習するものである。作業学習の指導は，単に職業・家庭の内容だけでなく，各教科等の広範囲の内容が扱われる。働く（作業）活動やそれに関わる活動においては，児童生徒の働く意欲を培いながら，将来の生活や社会参加に向け，基となる資質・能力を育むことができるようしていくことが大切である。「各教科等を合わせた指導」の一形態であり，小学部の段階における学習に意欲的に取り組むことや，集団参加が円滑に行われるようになること，道具の使い方，準備・片付け等が，中学部段階から高等部段階の作業学習につながる基礎的な内容であることを踏まえて構成し，学校生活の中心に位置付けたい。作業学習で取り扱われる作業活動の種類は，農耕，園芸，紙工，木工，縫製，織物，金工，窯業，セメント加工，印刷，調理，食品加工，クリーニングなどのほか，販売，清掃，接客なども含み多種多様である。

自主的・自発的な学習

基礎・基本的な知識や技能を基に，目的意識をもって自ら考え，判断し，自ら行動しながら課題を解決していく学習である。抽象的な思考が困難な知的障害のある児童生徒においては，学習によって習得した知識や技能が実生活の場ですぐに応用されるように，児童生徒の生活上の課題に沿った指導内容の設定と，学習を通して日々の生活の質が高まるような実践的な指導に配慮する必要がある。また，児童生徒の興味・関心に注目し，好きなことや得意な面を考慮し，特性に配慮した教材等を工夫するとともに，目標が達成しやすいように，段階的な指導を行うなどして，学習活動への意欲が育つよう指導することが大切である。「分かる，できる，考える」学びを通して，児童生徒の成功体験が豊富になり，一層，自主的・自発的な学習が促進される。

就学時健康診断

小学校等への就学予定者を対象に行われており，毎年の 11 月 30 日までに実施することが市町村教育委員会に義務付けられている（学校保健安全法施行令第 1 条）。就学予定者の心身の状況を把握し，小学校等への就学に当たって治療の勧告，保健上必要な助言を行うとともに，就学義務の猶予若しくは免除又は特別支援学校への就学等に関し適切な措置を取ることを目的としている。障害の状態等が明確になっていない幼児，通園歴のない幼児については，この診断及び結果に基づく事後措置が，適切な就学先を決定するための最終的な情報収集の機会となるため，その実施及び特別な支援を必要とする場合の対応については，特に慎重を期することを要する。

就学相談

　就学先決定の仕組み。以前は「就学指導」と呼ばれていたが，障害のある児童生徒の就学先決定の仕組みに関する学校教育法施行令の改正に伴い，「就学相談」や「教育支援」と呼ばれるようになった。就学先を決定する相談だけでなく，早期からの一貫した支援や就学後のフォローアップ，柔軟な対応等，児童生徒のライフステージを通した教育と支援の在り方について検討することが大切である。相談を円滑に行うためには，以下のことが大切である。①就学相談から就学までの流れについてのスケジュールを示し，十分説明する，②就学に関する的確な情報を提供する，③関係機関や学校等と密に連絡を取りながら，専門家による総合的かつ慎重な相談が継続的に行えるようにする（関係校での体験入学や教育相談等）。

生涯学習

　平成 29 年 4 月に「特別支援教育の生涯学習化に向けて」という文部科学大臣のメッセージが出された。この中で「これからは，障害のある方々が，学校卒業後も生涯を通じて教育や文化，スポーツなどの様々な機会に親しむことができるよう，教育施策とスポーツ施策，福祉施策，労働施策等を連動させながら支援していくことが重要です」とある。特別支援学校においても，将来の「共生社会」の実現に向け，児童生徒がスポーツや文化芸術活動に親しみ，豊かな生活を営むことができる

よう，在学中から地域のスポーツ団体，文化芸術団体及び障害者福祉団体等と連携し，多様なスポーツや文化芸術活動を体験することができるよう配慮したり，生涯学習への意欲を高めたりすることが求められている。

障害を理由とする差別の解消の推進に関する法律

　障害者の差別禁止について具体的な対策を定めた，日本で初めての法律。通称は「障害者差別解消法」。障害者の権利に関する条約の内容を遂行するために国内法が整備され，2011 年の障害者基本法改正で「障害を理由とする差別の禁止」の項が加わり，それを具体的に実現するために制定された。2016 年 4 月施行。障害者手帳の有無にかかわらず，障害や社会にあるバリア（社会的障壁）によって，生活に制限を受けている人全てが対象であり，差別解消のため二つの措置を定めている。①障害を理由に区別や排除，制限をする「不当な差別的取扱い」の禁止，②個別に対応した変更や調整，サービスである「合理的配慮」の提供。また，国と自治体に，トラブル防止や相談のための体制整備や，障害理解を促す啓発活動に取り組むことも定めている。

情報活用能力

　情報及び情報技術を適切かつ効果的に活用して，問題を発見・解決したり自分の考えを形成したりしていくために必要な資質・能力のこと。コンピュータや情報通信ネットワーク等の情報

手段を適切に用いた情報収集，情報の整理・比較・発信・伝達・保存・共有等ができる力であり，具体的には，情報手段の基本的な操作の習得，プログラミング的思考，情報モラル，情報セキュリティ，統計等に関する資質・能力等が挙げられる。情報活用能力は各教科等の学びを支える基盤の一つであり，主体的・対話的で深い学びにつながるものであることから，各教科等の特質に応じて適切な学習場面で情報活用能力の育成を図ることが重要である。

食育

「食」は，人間が生きていく上での基本的な営みの一つであり，健康な生活を送るためには欠かせないものである。近年の社会環境の変化から，食に関する正しい知識と望ましい食習慣を身に付けることが必要とされ，学校にも求められている。食育の推進に当たっては，食育基本法など各法律や規則を基に，学校給食法や学習指導要領との関連の中で，「食に関する指導の全体計画」を作成し，各教科，特別活動も含め学校の教育活動全体で取り組むことが重要であるとされている。「食育」推進の観点として，①食事の重要性，②心身の健康，③食品を選択する力，④感謝の心，⑤社会性，⑥食文化，の六つの観点で推進することが大切であり，また，学校だけでなく，食に対する講習会や親子料理教室の開催など，家庭やPTA活動等と連携し，取組を進めることも大切である。

自立活動

自立活動のねらいは，自立を目指し，障害による学習上又は生活上の困難を主体的に改善・克服するために必要な知識，技能，態度及び習慣を養い，もって心身の調和的発達の基礎を培うことである。その内容は，①健康の保持，②心理的な安定，③人間関係の形成，④環境の把握，⑤身体の動き，⑥コミュニケーション，の6区分27項目で示される。また，指導については，自立活動の時間はもとより，学校の教育活動全体を通じて適切に行う。特に，自立活動の時間における指導は，各教科，道徳科，外国語活動，総合的な学習（探究）の時間及び特別活動と密接な関連を保ち，個々の児童生徒の障害の状態，発達や経験の程度，興味・関心，生活や学習環境などを的確に把握して，個別の指導計画の下に適切な授業実践が行われることが必要である。

スタートカリキュラム

義務教育の始まりに児童がスムーズに適応していけるようなカリキュラムを構成すること。学習指導要領（小学部，中学部）では，このことについて「幼児期の教育を通して育まれた資質・能力を踏まえて教育活動を実施し，児童が主体的に自己を発揮しながら学びに向かうことが可能となるようにすること」とある。幼稚園等を卒園し，特別支援学校小学部へ入学してくる児童は，期待と同時に慣れない環境に戸惑い，大きな不安を抱くものである。そのため，安心して学校生活をスター

トできるよう，幼児期に慣れ親しんだ
活動を取り入れたり，学びやすい環境
づくり等の工夫をしたりすることが重
要となる。

生活単元学習

　生活単元学習とは，児童生徒が生活
上の目標を達成したり，課題を解決し
たりするために，一定期間，一定の生
活上のテーマに沿った一連の活動に組
織的・体系的に取り組む学習を指す。
単元としてテーマに基づいたこの時期
の生活のまとまりを捉え，自分たちの
学校生活を主体的に充実・発展させる
学習を目指している。生活単元学習は，
教育課程の編成上，「各教科等を合わ
せた指導」の一形態である。生活単元
学習では，広範囲に各教科等の目標や
内容が扱われる。児童生徒の学習活動
では，実際の生活上の目標や課題に沿
って指導目標や指導内容を組織するこ
とが大切である。小学部においては，
児童の知的障害の状態等に応じ，遊び
を取り入れた生活単元学習を展開する
ことが多く，中学部においては，遊び
から次第に作業的な活動を多く取り入
れた活動が中心となることが多い。児
童生徒の自立と社会参加を視野に入れ，
その時期の興味・関心に応じた内容選
定をしながら，生活年齢に応じた学習
を用意することが必要である。

総合的な探究の時間

　平成30年3月に告示された高等学
校学習指導要領及び平成31年2月に
告示された特別支援学校高等部学習導

要領の中で新たに示されたものである。
これまで総合的な学習の時間は，学校
が地域や学校，児童生徒の実態等に応
じて，教科・科目等の枠を超えた横断
的・総合的な学習とすることと同時に，
探究的な学習や協働的な学習とするこ
とが重要であるとして取り組んできた。
その結果，学習到達度調査（PISA）
における好成績や学習の姿勢の改善に
大きく貢献したと評価された。そこで
今回，高等学校においては，小・中学
校における総合的な学習の時間の取組
の成果を生かしつつ，より探究的な活
動を重視する視点から，位置付けを明
確化し直すことが必要と考えられ，改
訂となった。

相談・支援（手帳）ファイル

　相談・支援ファイルは，医療，保健，
福祉，教育，労働等の各機関が，必要
な情報を共有し，連携した相談・支援
を行うことを目的に，平成20年3月
の「障害のある子どものための地域に
おける相談支援体制整備ガイドライ
ン」（文部科学省，厚生労働省）によ
り示された。ファイルは，市町村が作
成し，支援が必要な幼児児童生徒の保
護者に配布されている。ファイルの内
容は，プロフィール，健康・医療に関
する記録，心理検査等の記録，手帳等
の取得状況，各年齢での記録等の他，
個別の支援計画として直接記載される
こともある。保育所，幼稚園の入園手
続き，小学校や中学校，特別支援学校，
就労先等への引継ぎ，福祉サービスの
支援内容の決定の資料等として活用さ

れている。このファイルで情報を共有することにより，生涯にわたり，一貫してつながった相談・支援が期待されている。

【た行】

体験活動

　体験活動については，学びに向かう力，人間性等に係る意欲や情意を育むために，社会や世界との関わりの中で学んだことの意義を実感できるような学習活動を充実させていくために重要なものであるとされている。今回の改訂では児童生徒が生命の有限性や自然の大切さ，主体的に挑戦してみることや多様な他者と協働することの重要性等を実感しながら理解することができることが重要とされ，学校の場で，地域・家庭と連携・協働して体系的・継続的な活動の機会を確保していくことと示されている。体験活動には，社会，自然，環境等に関わるものがあり，各教科等の特質に応じて教育課程を編成し実施する必要がある。また，実施に当たっては，学習の内容と児童生徒の発達の段階に応じて安全への配慮を十分に行わなければならない。

多様な学び

　広い意味では，不登校の児童生徒や外国人就労者の子供たちにも普通教育に相当する学びを保障するため，フリースクールや夜間中学等の充実を図ることなどを意味する。特別支援教育においては，共生社会の形成に向けたイ ンクルーシブ教育システムにおいて，障害のある子供と障害のない子供が，できるだけ同じ場で共に学ぶことを目指すとともに，個別の教育的ニーズのある幼児児童生徒に対して，それぞれの自立と社会参加を見据えて，その時点で必要な一人一人の教育的ニーズに最も的確に応える指導を提供できる「多様な学びの場」を整備することが重要である。「多様な学びの場」とは，通常の学級，通級による指導，特別支援学級，特別支援学校といった学びの場のことを示す。

知的障害

　「知的障害（intellectual disability）」とは，全般的な知的機能が低い水準にあり，かつそれにより実際の社会生活や日常場面における適応機能の障害が18歳までの発達期に生じるものを言う。低い水準の全般的な知的機能とは，個別施行による標準化された知能検査で，およそ70またはそれ以下の知能指数（IQ）を指す。遺伝的・家族的要因が疑われる以外明らかな原因が認められない場合（生理群）と，周産期障害などの明らかな器質的要因が認められる場合（病理群）に区別されるが，両者が互いに関連し合っている場合も少なくない。一般的には知能指数(IQ)によって，軽度（IQ70〜51），中度（IQ50〜36），重度（IQ35〜21），最重度（IQ20以下）と判別されるが，知能指数と日常生活における能力は必ずしも一致せず，個人差が大きい。

調和的な発達

　広義には「生きる力」や「資質・能力」の三つの柱に含まれる要素が，調和して発達することを指す。障害のある幼児児童生徒の場合は，その障害によって，各教科等において育まれるこれらの資質・能力の育成につまずきなどが生じやすいことから，併せて自立活動の指導が行われており，その内容となる六つの区分に含まれる項目も「調和的な発達」の要素となっている。自立活動の目標にある「調和的発達の基盤を培う」とは，一人一人の幼児児童生徒の発達の遅れや不均衡を改善したり，発達の進んでいる側面を更に伸ばすことによって遅れている側面の発達を促すようにしたりして，全人的な発達を促進することを意味している。今回の改訂では「調和的な発達の支援」に関して，ガイダンスとカウンセリング双方により発達を支援すること等を新たに規定した。

通級による指導

　通級による指導は，学校教育法施行規則第 140 条及び第 141 条に基づき，小・中学校の通常の学級に在籍する児童生徒に対して，各教科等の授業は通常の学級で行いつつ，障害（言語障害，自閉症，情緒障害，弱視，難聴，学習障害，注意欠陥多動性障害，その他）に応じた特別の指導を，特別の指導の場（通級指導教室）で行う指導形態である。なお，平成 30 年度から高等学校においても通級による指導が可能となった。通級による指導では，障害に

よる学習上又は生活上の困難を改善・克服することを目的とする指導（特別支援学校における自立活動に相当する指導）を行う。指導に当たっては，小・中・高等学校等の教育課程に加えるか，又は一部に替えることができるとされている。

特別支援学校教諭免許

　特別支援学校の教員は，幼稚園，小学校，中学校又は高等学校の教諭免許状のほかに，特別支援学校教諭免許状を有していなければならないとされている（教職員免許法第 3 条第 3 項）。特別支援学校教諭の免許状は，視覚障害者，聴覚障害者，知的障害者，肢体不自由者又は病弱者（身体虚弱者を含む）に関する教育の 5 領域で授与される。免許状の授与を受けた後，新たに領域を追加することも可能である。文部科学省の調査によると，特別支援学校教員における特別支援学校教諭免許状保有者の割合は，平成 30 年 5 月現在 79.8 ％となっている。障害種別では，視覚障害教育 61.7 ％，聴覚障害教育 54.5 ％，知的障害教育 82.4 ％，肢体不自由教育 81.6 ％，病弱教育 79.3 ％となっている。

特別支援教育コーディネーター

　特別支援教育コーディネーター（以下，「コーディネーター」）は，子供の支援のため，校内外の関係者を取り結び，必要な支援を紡ぐ役割を担う。主に，校内委員会・校内研修の企画・運営，関係諸機関との連絡・調整，保護

者との相談窓口として，校務分掌に組織的に位置付け十分機能することが必要である。特に特別支援学校のコーディネーターは，行政，福祉，医療などの関係機関や保護者，幼・保，小，中，高等学校等との連絡調整を担い，支援体制を組織的に形成することが求められる。また，特別支援学校のコーディネーターの専門的知見は，地域校等で強く求められ，巡回相談や研修講師等を通してセンター的機能を発揮することが期待される。コーディネーターの経験や力量は地域や学校によって様々である。専門性と経験を兼ね備えたコーディネーターが強く求められる現状から，組織的な育成（指名）は長期的な課題である。

特別支援教育連携協議会

　障害のある子供やその保護者が抱える様々なニーズや困り事に対して適切な相談・支援を行っていくためには，医療，保健，福祉，教育，労働等，多分野，多職種による総合的な評価と，多様な支援が一体的かつ継続的に用意されていなければならない。現在，教育分野では都道府県単位の「広域特別支援連携協議会」，地域においても関係部局，機関間の連携協力を円滑にするためのネットワークとして「支援地域における特別支援連携協議会」がある。また保健医療福祉分野では障害者自立支援法の下，市町村単位で「地域自立支援協議会」が設置されている。多機関における事業ゆえ，相互の連携を図りながら一元化を検討しつつ，責任組織を明確にすることが重要となっている。

特別支援教室

　特別支援教室とは，小・中学校等において通常の学級に在籍している発達障害等のある児童生徒を対象に，障害等に応じた教科指導や障害等に起因する困難の改善・克服のための指導を特別の場で必要な時間のみ行う制度である。特別支援教室が目指すものは，障害のある児童生徒の実態に応じて特別支援教育を担当する教員が各学校に柔軟に配置されるとともに，発達障害等のある児童生徒も含め，障害のある児童生徒が，原則として通常の学級に在籍しながら，特別の場で適切な指導及び必要な支援を受けることができるような弾力的なシステムを構築することである。

特別の教科　道徳

　よりよく生きるための基盤となる道徳性を養うため，道徳的諸価値についての理解を基に，自己を見つめ，物事を広い視野から多面的・多角的に考え，小学校では自己の生き方，中学校では人間としての生き方について考えを深める学習を通して，道徳的な判断力，心情，実践意欲と態度を育てることを目標としている。道徳科の内容項目は，小学校では1・2学年が19項目，3・4学年が20項目，5・6学年が22項目，中学校では22項目にまとめられている。各学年で重点的に指導する内容を選ぶなどの工夫をしながら，全て

の項目について指導することとなっている。特別支援学校においては，小・中学校に「準ずる」こと（原則として同一）となっており，併せて特別支援学校独自の配慮事項も示されている。

【な行】

日常生活の指導

　知的障害のある児童生徒に対しては，その学習上の特徴や学習上の特性から，実態に合わせた指導として，学校教育法施行規則第130条に基づき，各教科，道徳，特別活動及び自立活動を合わせた指導を行うことができる。日常生活の指導は「各教科等を合わせた指導」の一つであり，児童生徒の日常生活が充実し，高まるように日常生活の諸活動を適切に指導するものである。指導は，毎日ほぼ同じように繰り返される日常生活の活動（登校，朝の会，給食，掃除等）で取り組まれている。指導内容は，生活科の内容だけでなく，広範囲の内容が扱われる。例えば，衣服の着脱，洗面，手洗い，食事，排泄，清潔などの基本的生活習慣の内容，挨拶，言葉遣い，礼儀作法，時間を守ること，きまりを守ることなどの日常生活や社会生活において必要で基本的な内容が取り上げられる。

【は行】

バリアフリー

　高齢者や障害のある人が社会生活をしていく上で障壁（バリア）となるものを除去すること。段差などの物理的障壁だけでなく，より広く障害のある人の社会参加を困難にしている社会的障壁を除去するという意味でも使われる。社会的障壁には，社会における事物（利用しにくい施設，設備等），制度（利用しにくい制度等），慣行（障害のある人の存在を意識していない慣習，文化等），観念（障害のある人への偏見等）が挙げられる。障害のある人などから，日常生活や社会生活で受ける様々な制限をもたらす原因となる社会的障壁を取り除くために何らかの配慮を求める意思の表明があった場合，負担になり過ぎない範囲で，必要で合理的な配慮を行うことが求められる。こうした配慮を行わないことで障害のある人の権利利益が侵害される場合には差別に当たる。

非認知能力

　非認知能力は，測定できる学業成績や各種の学力に関するテストの成績，アカデミックな能力の高さなどを示す認知能力と対照して示されるもので，自尊心，自制心，自立性，内発的動機づけ，共感性，道徳性，社会性といった測定できない能力のことを言う。近年，認知能力と称されるものの高さだけが，個人の適応を高めるわけではないことを示唆する研究知見が相次いで報告され，その個人がもっている認知的でない能力の重要性が指摘されている。幼児期においては，学びに向かう力の育ちと文字，数，思考の育ちには関連が見られるとして，非認知能力の

重要性が指摘されている。

【ま行】

学びの地図

　新学習指導要領の下，各学校におけるこれからの教育課程では，育成したい「生きる力」とは何かを資質・能力として明確にし，これを教科等横断的な視点で育んでいくこと，更に社会との連携・協働を図りながら各学校の特色をつくり出し，これからの時代に求められる教育を実現するための教育改善を進めていくことが求められる。そのため，教育課程は，子供たちの多様で質の高い学びを引き出すため，学校教育を通じて子供たちが身に付けるべき資質・能力や学ぶべき内容などの全体像を分かりやすく見渡せるものでなければならない。中央教育審議会では，これを学習指導要領と共に「学びの地図」と呼ぶこととした。「学びの地図」には，教科等や学校段階を越えて教育関係者が共有したり，子供自身が学びの意義を自覚する手がかりを見いだしたり，家庭や地域，社会の関係者が幅広く活用したりできるものとなることが求められている。

学びの場の連続性

　「学びの場の連続性」とは，インクルーシブ教育システムにおいて，同じ場で共に学ぶことを追求するとともに，個別の教育的ニーズのある児童生徒に対して，自立と社会参加を見据えて，その時点で教育的ニーズに最も的確に応える指導を提供できる，多様で柔軟な仕組みを整備し，固定的ではない選択を可能にすることである。そのためには，通常の学級，通級による指導，特別支援学級，特別支援学校といった連続性のある「多様な学びの場」を用意しておくことが必要である。児童生徒一人一人の教育的ニーズに対応し，学びの場の連続性を確保するため，例えば，特別支援学校（知的障害）の各教科の目標や内容について，小学校等の各教科の目標や内容との連続性・関連性を整理することが必要となる。

目標に準拠した評価

　各教科における評価を，学習指導要領に示す各教科の目標や内容に照らして学習状況を評価するもの。学習状況を分析的に捉える「観点別学習状況の評価」と，これらを総括的に捉える「評定」の両方について，学習指導要領に定める目標に準拠した評価として実施するものとされている。目標準拠評価は，集団内での相対的な位置付けを評価する相対評価とは異なる。知的障害者である児童生徒に対する教育課程については，各教科の目標に準拠した評価による学習評価を導入し，学習評価を基に授業評価や指導評価を行い，教育課程編成の改善・充実に生かすことのできる PDCA サイクルを確立することが必要である。

問題発見・解決能力

　児童生徒の「生きる力」を育むことを目指して，教育活動の充実を図るた

め，学習の基盤となる資質・能力の育成が重要である。その学習の基盤となる資質・能力の一つが，問題発見・解決能力である。変化の激しい社会の中で，主体的に学んで必要な情報を判断し，よりよい人生や社会の在り方を考え，多様な人々と共同しながら問題を発見し解決していく力が問題発見・解決能力と言える。指導に当たっては，児童又は生徒の障害の状態や特性及び心身の発達の段階等を考慮した教科等横断的な視点から教育課程の編成を図る必要がある。学習指導要領解説では，「物事の中から問題を見いだし，その問題を定義し解決の方向性を決定し，解決方法を探して計画を立て，結果を予測しながら実行し，振り返って次の問題発見・解決につなげていく過程を重視した深い学び」と解説されている。

文部科学省著作教科書

　各学校において使用されている教科書には，民間の教科書発行者において著作・編集され，文部科学大臣の検定を経て発行される検定済教科書と文部科学省において著作・編集された教科書がある。文部科学省著作教科書には，高等学校の農業，工業，水産，家庭及び看護の教科書の一部や特別支援学校用の教科書がある。理由としては，需要数が少なく，民間による発行が期待できないことが挙げられる。特別支援学校用としては，視覚障害者用の点字教科書，聴覚障害者用の言語指導や音楽の教科書，知的障害者用の国語，算数・数学，音楽の教科書があり，知的

障害者用の教科書には段階に応じて☆印が付いているため，一般的に「星本」と呼ばれている。

【や・ら・わ行】

ユニバーサルデザイン

　障害の有無，年齢，性別，人種等にかかわらず，多様な人々が利用しやすいよう都市や生活環境をデザインする考え方。障害者の権利に関する条約第2条に「調整又は特別な設計を必要とすることなく，最大限可能な範囲で全ての人が使用することのできる製品，環境，計画及びサービスの設計をいう」と定義されている。バリアフリーは障害によりもたらされるバリア（障壁）に対処する考え方であるが，ユニバーサルデザインはあらかじめ様々な人が利用しやすいようにデザインする点が異なる。「合理的配慮」の充実を図る上で「基礎的環境」の充実は欠かせないが，基礎的環境整備を進めるに当たってはユニバーサルデザインの考え方も考慮しつつ進めることが重要である。

【英数】

ICF

　「障害」の捉え方については，従来「国際障害分類（ICIDH）」が用いられ，身体の機能損傷又は機能不全，日常生活や学習上の種々の困難，社会生活上の不利益として整理されていた。その改訂版が「国際生活機能分類（ICF）」

である。ICF では，人間の生活機能は「心身機能・身体構造」「活動」「参加」の三つの要素で構成されており，それらの生活機能に支障がある状態を「障害」と捉えている。そして，生活機能と障害の状態は，健康状態や環境因子等と相互に影響し合うものと説明されている。したがって，自立活動の内容は，「生活機能」と「障害」の双方の視点を含むものであり，自立活動の指導においては，生活機能や障害，環境因子をより的確に把握し，相互の関連性について十分考慮することが必要である。

執筆者一覧 <small>（所属と職名は令和 2 年 1 月現在）</small>

【監修者】

明官　　茂　　明星大学常勤教授

【編著者】

全国特別支援学校知的障害教育校長会

【編集委員】

村山　　孝　　東京都立府中けやきの森学園統括校長
齊藤　政行　　東京都立水元特別支援学校校長
田邊陽一郎　　東京都立江東特別支援学校校長
長沼　健一　　東京都 杉並区立済美養護学校校長
中村由美子　　東京都立七生特別支援学校校長
野口　幹人　　東京都立墨田特別支援学校校長
望月　光弘　　東京都立田無特別支援学校校長
　〔平成 30 年度〕
大井　　靖　　竹早教員保育士養成所特別支援教育主査
　　　　　　　（前 東京都立武蔵台学園統括校長）
荒川　早月　　東京都立中央ろう学校校長
　　　　　　　（前 東京都立高島特別支援学校校長）
矢野　勝義　　東京都立青山特別支援学校非常勤教員
　　　　　　　（前 東京都立矢口特別支援学校校長）

【執筆者】（五十音順）
　〔まえがき〕
村山　　孝　　上掲
　〔Q&A〕
井上　昌士　　千葉県立千葉特別支援学校校長
宇田川和久　　山村学園短期大学教授
小川　純子　　星城大学特任教授
荻布知寿子　　富山県人材活躍推進センター新卒特別支援統括コーディネーター
小倉　京子　　千葉県立湖北特別支援学校校長
菊地　一文　　弘前大学大学院教授
栗原　和弘　　九州ルーテル学院大学教授

古賀　政文	鹿児島国際大学特任准教授	
坂井　　聡	香川大学教授	
清水　　潤	秋田県教育庁主任指導主事	
霜田　浩信	群馬大学教授	
下山　直人	筑波大学教授	
武富　博文	神戸親和女子大学准教授	
橋本　創一	東京学芸大学教授	
東内　桂子	広島県立呉南特別支援学校校長	
松浦　孝寿	北海道小樽高等支援学校校長	
松浦隆太郎	東京都 杉並区教育委員会就学支援相談員	
三浦　祐一	山形県立村山特別支援学校校長	
山中ともえ	東京都 調布市立飛田給小学校校長	
横倉　　久	国立特別支援教育総合研究所上席研究員	
横山　孝子	浜松学院大学教授	
吉田　伸一	愛知県立いなざわ特別支援学校校長	

〔用語集〕

東　　寿彦	石川県立明和特別支援学校教諭	
荒井　佳子	栃木県立国分寺特別支援学校教諭	
泉澤　明徳	青森県立七戸養護学校校長	
伊藤　　潤	長野県長野養護学校校長	
稲田　進彦	和歌山県立はまゆう支援学校校長	
牛島　大典	福岡県立太宰府特別支援学校校長	
遠藤　寿明	岩手県立花巻清風支援学校校長	
大野　英明	広島県立三原特別支援学校校長	
小畑　文也	山梨大学教育学部附属特別支援学校校長	
加藤　守松	愛知県立春日台特別支援学校校長	
門田　　誠	宮崎県立みやざき中央支援学校校長	
川口　美幸	千葉県立市川特別支援学校教諭	
北澤　拓哉	茨城県立結城特別支援学校教諭	
木戸　朋子	栃木県立国分寺特別支援学校主幹教諭	
木村　　豊	愛知県立三好特別支援学校校長	
杳澤　　聖	山形県立上山高等養護学校校長	
久保　了乙	北海道東川養護学校校長	
倉科　辰男	北海道新得高等支援学校校長	
小林　直紀	埼玉県立越谷西特別支援学校校長	
財津　誠一	大分県立由布支援学校主幹教諭	

坂本　　学	三重県立杉の子特別支援学校校長
迫田　博幸	鹿児島県立串木野養護学校校長
杉元　美栄	高知大学教育学部附属特別支援学校副校長
鈴木　龍也	福島県立相馬支援学校校長
園田　泰洋	佐賀県立うれしの特別支援学校校長
田近　憲二	北海道函館五稜郭支援学校校長
田野崎　健	宮城県立光明支援学校校長
千葉　雅樹	秋田県立栗田支援学校校長
友部　道夫	茨城県立石岡特別支援学校教頭
中尾　秀行	広島県　広島市立広島特別支援学校校長
中筋　功雄	香川県立香川丸亀養護学校校長
中村　一郎	京都府　京都市立白河総合支援学校校長
夏川　　茂	滋賀県立八日市養護学校校長
野口　幹人	上掲
平川　泰寛	広島県立廿日市特別支援学校校長
福井　浩平	大阪府立高槻支援学校校長
二井　康文	東京都立城東特別支援学校校長
二上　和代	富山県立高岡支援学校校長
古市恵美子	千葉県立市川特別支援学校教諭
松原　勝己	岐阜県立揖斐特別支援学校校長
宮本　祥恵	愛媛県立新居浜特別支援学校校長
森實　伸一	兵庫県立芦屋特別支援学校主幹教諭
柳澤　　縁	山梨県立わかば支援学校校長
山田　浩昭	静岡県立浜松特別支援学校校長
吉川　順子	福井県立奥越特別支援学校校長
吉澤佳代子	茨城県立勝田特別支援学校教諭
吉田　　宴	神奈川県　川崎市立中央支援学校校長
吉田　清徳	奈良県立西和養護学校校長
吉田　尚子	栃木県立国分寺特別支援学校教諭
吉田　道広	熊本県立熊本はばたき高等支援学校校長

【編集協力】

北村　昭夫	滋賀県立長浜養護学校校長
佐藤　凡人	長崎県立川棚特別支援学校校長
千葉　聡美	北海道南幌養護学校校長
細川　　裕	福井県立清水特別支援学校校長
本田　敦彦	徳島県立みなと高等学園校長

学習指導要領 Q&A　特別支援教育［知的障害教育］

2020（令和2）年3月10日　初版第1刷発行
2021（令和3）年9月1日　初版第7刷発行

監修者：明官　茂
編著者：全国特別支援学校知的障害教育校長会
発行者：錦織　圭之介
発行所：株式会社東洋館出版社
　　　　〒113-0021　東京都文京区本駒込5丁目16番7号
　　　　営業部　電話03-3823-9206　FAX03-3823-9208
　　　　編集部　電話03-3823-9207　FAX03-3823-9209
　　　　振　替　00180-7-96823
　　　　U R L　http://www.toyokan.co.jp
印刷・製本：藤原印刷株式会社
装丁・本文デザイン：藤原印刷株式会社
編集協力：株式会社東京出版サービスセンター

ISBN978-4-491-04075-2
Printed in Japan